洗 | 染 | 业 | 培 | 训 | 丛 | 书

洗衣店
开店指南

XIYIDIAN KAIDIANZHINAN

汪学仁 等编著

U0359806

化学工业出版社
·北京·

本书为《洗染业培训丛书》之一，介绍了开洗衣店需要了解的相关问题：前期工作、开业准备、人员管理、企业经营、服务常识、财务管理基本常识、洗涤常识、干洗设备的使用与维护、服装熨烫、服装常用材料常识、如何开好连锁洗衣店、新开店容易发生的事故、线上洗衣与中央洗衣厂，以及有关实践案例、法律法规、行业标准等。

本书可为欲进入洗染行业和想提升技能的人士提供参考。

图书在版编目（CIP）数据

洗衣店开店指南 / 汪学仁等编著 . —北京：化学
工业出版社，2020.4
（洗染业培训丛书）
ISBN 978-7-122-35707-6

Ⅰ.①洗… Ⅱ.①汪… Ⅲ.①洗衣房－商业经营－指南 Ⅳ.① F719.9-62

中国版本图书馆 CIP 数据核字（2019）第 241822 号

责任编辑：张　彦	美术编辑：王晓宇
责任校对：边　涛	装帧设计：芊晨文化

出版发行：化学工业出版社（北京市东城区青年湖南街 13 号　邮政编码 100011）
印　　装：三河市延风印装有限公司
710mm×1000mm　1/16　印张 13½　字数 207 千字　2020 年 4 月北京第 1 版第 1 次印刷

购书咨询：010-64518888　　　　　　　　　　售后服务：010-64518899
网　　址：http://www.cip.com.cn
凡购买本书，如有缺损质量问题，本社销售中心负责调换。

定　　价：58.00 元

序

把洗染说成是一个行业还是近几年的事，客观地说它是一个既古老又新兴的行业。说它古老，是因为大概从人类开始穿衣服起，人们就有了让衣服更加美观洁净的愿望，服务的洗衣自然就应运而生；说它新兴，是因为它是近十几年才真正发展起来的一个行业，而且是一个前途无量的朝阳行业。

随着社会的发展，洗衣走向了社会，逐渐形成了一个行业。在我国，20世纪60年代初，洗染行业开始有了小步发展；20世纪90年代，加快了发展速度；近年来突飞猛进，似乎在一夜之间洗染店遍布了大街小巷，大型洗衣厂星罗棋布。O2O及自助衣柜的出现，更使消费者足不出户就可以解决衣物洗涤问题。但在解决了洗衣方便的同时，洗衣投诉量也在逐年上升，其主要原因就是从业人员专业技术水平参差不齐——洗衣企业发展很快，技术培训却不能同步跟进。培训工作就成了当务之急。

历史上由于大多数洗衣店规模比较小，业务量也不是很大，因此一般都是师傅带徒弟口传心授。随着洗染行业的不断发展，行业逐渐有了一定的规模，有了专门培训的学校，但是受到当时科技水平的制约以及各方面条件的限制，均与当前的洗染行业所需培训内容不可同日而语。数年来，我们通过各种途径编印了一些资料，但是，不是不规范就是不完整，缺乏系统的培训材料。为了使洗染行业尽快提升整体水平，依据现有的专家优势，我们组织编写了这套《洗染业培训丛书》，为提升行业整体业务水平出点儿力。

洗染行业虽然是个小行业，但麻雀虽小，五脏俱全。从范围上分，有客衣和布草两大类。从工种上分，有干洗、水洗、熨烫、织补、染色、皮衣养护、营业员等诸多工种，现在又发展到了皮鞋护理、家庭皮饰、皮具、汽车座椅护理、奢侈品护理等新型工种。从技能上分又有纤维识别、面料识别、去渍技术、设备操作、熨烫、染色、皮革及裘皮护理等专业技术。布草洗涤又分医疗卫生系统、宾馆酒店系统、邮政运输系统等各个方面。每一个工种、每一种技能、每个方面都有很多东西要学，我们请到了相关方面的专家编撰图书，为大家提供服务，也请各位有识之士把自己的真知灼见贡献出来，为行业的发展出谋划策、添砖加瓦。

本丛书从建厂开店、洗涤技术、设备操作、各项技能运用、网上洗衣等方面全面地介绍了洗染业从业知识，为欲进入洗染行业和想提升技能的人士提供帮助。

本丛书的出版，得到了中国商业联合会洗染专业委员会、北京洗染行业诸位专家的关注与认可，更融入了他们的大量心血，洗染业退役军人俱乐部也从退役转业军人就业的特点方面，给予了悉心的指导。由于内容系统实用，便于学习掌握，特确定为洗染行业指定培训教材。

北京市洗染行业协会

前　言

随着国家对第三产业的重视程度不断提升，以及人民生活的客观需求，服务行业所占国民收入的比重也在快速增长。服务行业不仅可以使人民生活更加方便、生活质量得到提高，还是一个使社会充分就业的安置渠道，于国于民都是一件好事。洗染业就是典型的服务行业。历史上绝大多数的洗衣企业规模都比较小，随着家庭劳动社会化进程的加快，洗衣行业也逐渐产业化。20 世纪 90 年代以后，洗染行业的发展更是突飞猛进，洗衣店遍地开花，洗染行业一片繁荣。

洗染行业是一门相对简单的劳动密集型产业，是进入服务行业比较快捷的通道之一，开店要求的条件相对较低，不需要太多的资金投入。如果开一家加盟店，可由所加盟企业的总店负责技术支持，只需购置一些必要的设备，就可以较为轻松地进入市场了。但是，看似简单的洗衣也涉及不少专业知识，从业人员必须要经过一定的学习，才能避免那些不必要的损失。

本书尽量满足有愿望投资开店朋友的各方面需求，系统地介绍了开店的一些条件与主要注意事项，以期为各位朋友提供一定的参考。由于环境条件的不同、人员设备的差异，相应的要求也不同，所以书中所述不一定完全适合所有人，只供读者参考，希望让您在实际操作中少走一些弯路。

本书编写分工如下：汪学仁编写了第一章至第五章、第十一章；罗玲编写了第六章；刘惠琴编写了第七章；王平编写了第八章和第九章；吴瑞章编写了第十章；朱丽筠编写了第十二章；吴京淼编写了第十三章；任树成编写了第十四章；王纪才结合自身经验，提供了开店实践案例部分内容；全书由汪学仁统稿。潘炜、王继东、史长虹等就行业特点及需求给予了清晰的指导。由于各方面的限制，书中难免有不妥之处，敬请各位业内人士指教。

为了本书的出版，北京市洗染行业协会专家组的多位专家都给予了极大的关注与支持，高云丽、王蔚霞等都不同程度参与其中，在此一并表示感谢！

汪学仁

目 录

第十三章　新开店容易发生的事故 ────────── 125

第一章 概 述

服务行业包括许多种业态，一次性投资比较少、风险相对比较低、对雇员依赖又比较少的行业，应该首推洗染业。

从目前整个服务行业来讲，洗染行业算是真正使用机械设备比较多的行业之一，所以，从业人员即使有技术，离开了企业有很多工作也是做不了的，有了雇员对企业的依赖，就减少了雇员对企业的制约，从而使老板多了几分主动。不像美容美发的技师，凭着一把剪刀可以走遍天下，摄影师有一台相机、厨师凭着一把菜刀、修理工凭着手艺，走到哪里都可以发挥一技之长，企业离开了他们就有可能要关门。而开一家洗衣企业就安全得多，任何人走了店（厂）都可以照开，遇到技术难题顶多就是麻烦一点，多请教就可以了，实在不行还可以请专家帮助处理，完全有补救的时间。

第一节 洗染行业现状

洗染行业是一个再次兴起的古老行业，从人类开始穿衣服起大概就有了洗衣服的工作。1927 年普兰德洗染公司在上海诞生，中国开始有了洗染企业。1933 年陈林洗染店在天津成立，洗染界增添了新的力量。1956 年周恩来总理亲自批准普兰德迁京，为中央首长与外宾服务。从此，北京有了自己的洗染企业。随后又成立了一些国有的洗衣厂，但由于各方面条件的限制，一直没有什么大的发展，自从进入20世纪90年代以后，国内洗衣行业才逐渐加快了发展的速度。

随着国内人民生活水平的不断提高，高档服装已不再是原来少数高薪阶层的专利，到洗染店去接受洗衣服务的洗衣族队伍在迅速扩张。由于消费观念的转变，加上生活及工作节奏的加快，一部分先富起来的消费群体和年轻的白领阶层，已将一般衣物也送到洗衣店洗涤，进一步加大了对洗衣市场的需求。在大中城市当中，几乎所有人都与洗染店打过交道，1998年以后洗染业更是得到了高速发展，一些大型的水洗厂及洗染连锁企业相继出现。

洗染行业内分为两大部分，一部分是专门为宾馆、饭店、医院、铁路、民航、邮政、工矿、院校、机关等企事业单位洗涤床上针纺织品、工服、台布、窗帘及座套、包装用纺织品等的水洗厂，另一部分就是我们在大街上随处可见的洗衣店，本书介绍的就是洗衣店。洗衣店在服务行业里是一个比较特殊的行业，它的特点是小而分散。不像百货、餐饮、影楼、美容美发等，都是越集中越能聚拢人气，越宽大越气派。现在的茶叶一条街、餐饮一条街、酒吧一条街、汽配一条街、影楼一条街、乐器一条街、建材一条街等愈演愈烈，效益还出奇的好，令各商家趋之若鹜。而洗衣店集中起来就可能大家都没有饭吃；规模太大了就要增加服务的半径，消费者不一定跑那么远来接受服务，导致客流不足影响收益。为消费者入户收送衣物和增加服务附加值，已成为一些洗衣店的有效竞争手段。例如如今的线上洗衣及自助式收发衣柜就增加了服务距离。

开店有很多种形式，目前比较多的形式有：加盟连锁店、自营前店后厂店、自营收活网点店、专业皮衣护理店等。本书重点介绍的是自营的前店后厂的洗衣店，为了让大家有一个选择比较，也对加盟连锁店进行了介绍，实际上加盟连锁店的单店，大多数就是一个前店后厂的洗衣店（也有少数为收活网点店），只不过交纳了相关费用经过授权使用了总店的招牌。

另外，由于信息不通畅，消费者对洗染行业可以说根本就不了解，也无从了解。历史上的洗染行业本身，由于长期以来一直都以手工作坊为主，还没有能够形成一个行业，也不曾有过宣传自己的想法。后来随着洗染行业的不断壮大与发展，很多企业已经认识到了宣传的必要性，但因为行业太小、声音太弱，也没能把自己真正宣传出去。因此，由于消费者和行业相互之间的不了解，也就难免出现一些误会。近年来，由于洗衣社会化的快速发展，消费者为了放心洗衣，经营者为了占领市场，均渴望了解对方，但苦于没有沟通的渠道，很难实现这个愿望，在号称信息爆炸时代的今天，这也是一种无奈。为此，我们就应该加强宣传自己的力度，减少误会的发生，借助组织的力量让社会了解自己，比如加盟名牌连锁或加入相应的组织机构，利用外力协助自己进行宣传，以达到宣传企业的目的，使我们的洗衣店从一开始就能够让世人了解，从而在起跑线上就抢占了先机。

总之，想开好一家洗衣店，有很多事情要了解，更有很多事情要去做，系统来讲，要了解的有：国家的法律法规、相关政策、行业要求、各种标准、市场情况、设备、耗材情况等。要做的有：市场调研、筹集资金、开店前的准备工作、员工招聘、员工培训、设备养护、对外宣传、正常的经营管理等。

第二节　开洗衣店的要点介绍

洗衣业隶属于生活服务业，专业洗衣具有工业化连续性生产的性质。它不仅有别于一般的家庭洗衣，其突出的实践性和手工操作工艺，又使得洗衣业与现代大工业有着明显的差异，使洗衣店成为既不同于大型工业化生产、又不同于家庭式作坊的特殊形式的服务性企业。在本节里我们把主要的差别及需要特别了解的内容作简单的介绍。

一、专业洗衣与家庭洗衣的区别

衣物的洗涤保养虽是千家万户日常生活中重要的组成部分，但是专业洗衣和家庭洗衣相比仍然存在着明显的区别和差异。总结起来专业洗衣具备以下特点。

1. 业务范围广泛

家庭洗衣一般只局限于日常穿用的衣物和普通生活用品的清洗。专业洗衣则不同，它不仅要满足人们服装、服饰、饰品及各种生活用品清洗护理的需要，还要完成一般家庭洗衣不可能实现的清洗护理项目，如大窗帘、毛毯等大型家居用品及羽绒服等，用家庭洗衣机根本无法彻底清洗；皮衣、沙发、汽车座椅等我们在家里根本没有办法清洗。

2. 专业的、配套的设备设施

和普通家庭洗衣不同，专业洗衣的清洗护理操作，需要依靠专门的大型工业洗衣机，以及配套的机器设备和设施，如专业烫台、去渍台、皮具喷涂设施等来完成。这些专业的机器设备和设施确保了专业洗衣店高质量、高效率、规模化地运行。

3. 专用的清洗护理化工材料

为确保衣物清洗护理效果，专业洗衣常常采用一整套清洗护理化工材料，以便"对症下药"。不要说干洗需要的干洗溶剂家庭中无法使用，就是水洗中的各种助剂，由于种类繁多，而每次用量极少，我们家里平时也不可能随时准备，这是一般家庭洗衣根本无法相比的极大优势。

4. 专业的清洗护理技术

随着社会的进步和发展，作为为纺织工业、服装工业以及各种生活用针纺织品制造业后续服务的洗衣业，尽管也逐步跨入了工业化连续性大生产的行列，技术水平不断提高，但面对日新月异的衣物面料、时尚多样的款式、多彩艳丽的色泽，有时也会遇到目前国内洗衣业甚至国际上也无法解决的问题。为此，需在现有基础上，努力学习并不断掌握新材料、新工艺、新技术，以适应现代洗衣业日益发展的需要。专业洗衣尚且如此，家庭洗衣则更加望尘莫及了。

二、洗衣企业的基本要素

开办一家洗衣企业有很多需要注意的地方，但最主要的是：卫生、方便、快捷、干净以及优质的服务。

（1）卫生是第一要素。洗衣店把千家万户的衣物放在同一个清洗容器里进行洗涤，能否使其不受到交叉污染，是每一个消费者最关心的问题。因此洗衣店必须具备有效的灭菌消毒手段，而且最好能让消费者直接感觉得到。因此，洗衣店必须做到脏净分离，使消费者放心。

（2）消费者到洗衣店送洗衣物双程都要负担，而且送走多少还要取回多少，因此特别需要方便，距离越短越好，能在家门口是最理想的。闹市的车位紧张，每停一次车除去费用之外，能找到一个停车位都是件很困难的事。因此当前的洗染店很少开在闹市，大多数都开进了居住小区，这一方面减轻了闹市区的高额房租的压力，另一个更主要的原因是离消费者近，可以为消费者提供最大的方便。而洗衣店如果能给消费者多提供一个方便，就等于为自己的财路上多增加了一个入口。当前的线上洗衣及自助收发衣柜为消费者提供了更加便捷的服务，详细情况我们会有专门的介绍。

（3）快捷是另外一件法宝，现在洗衣市场还是以西装及厚重衣物为主，这些衣物大多数家庭一般情况下不会预备很多套，衣物送洗之后，尽快取回以备不时之需是非常必要的，因此快捷是洗衣店必备的一个条件。另外，流动人口也是快捷服务的一个巨大的消费群体，经常出差在外的人不可能不换洗衣物，也不可能为了等洗一件衣物在一个地方多住几天。所以在保障质量的前提下，方便快捷是洗衣店一个制胜的法宝。

（4）干净是洗衣的核心内容，拿衣物去洗就是为了让它干净，而能够彻底洗干净却不是一件轻松的事。现在科学技术的发展速度不是任何一个时期可比的，高科技在给人类带来享受的同时，也给我们带来了很多麻烦，在洗衣工作方面就特别明显。目前制作服装的面料五花八门，服装上的污渍千奇百怪，一旦遇到类似的问题，没有高超的清洗技能根本处理不了，即使是洗衣界的高手，也经常遇到解决不了的问题。这就要求我们不仅要学习历史的经验，还要不断地学习新的知识，与时俱进才能跟上发展的潮流，即使这样，有些污渍也是不能完全去掉的。洗衣如同看病，有的病能看好，有的病看不好，但是洗不干净的衣物要对消费者有个说法，不能一推了之。

（5）优质的服务是服务行业的灵魂，在洗染服务中出现瑕疵是正常现象，很多都是不影响穿着或并无大碍的，但是由于服务态度不好，或由于业务不熟悉，不能很好地对问题进行解释，导致纠纷甚至形成投诉的却不乏其例。因此提高服务质量是每一家准备营业的洗衣店的第一节必修课，也是增加收入、减少损失的最有效途径。

三、专业洗衣应具备的基本条件

任何事物，其生存和发展均需要相应的基础和条件，专业洗衣应具备的条件如下。

（1）具有适宜安装专业洗涤设备和辅助设施的场地，以确保具备正常进行各种洗涤工艺操作的环境和条件。

（2）具有较为系统完善的专业洗涤设备及配套设施。

（3）有充足、可靠、安全的能源供应。

（4）有快捷、通畅的排污系统。

（5）有相应的环保设施，具有处理"三废"的能力和措施。

（6）有精干的人员组成和优良的管理体系。

四、洗衣店设计规划应包括的主要内容

洗衣店的规划设计是衣物专业洗涤护理的基础工程，它不仅为开展专业的衣物清洗护理搭建了展示聪明才智和技术水平的舞台，也为专业洗衣店创造社会效益、经济效益，为改善和提高人们的物质文明需求提供了可靠的保证。

洗衣企业的设计规划应包括以下内容。

（1）场地选择与规划设计。

（2）专业洗涤设备的选择与配套。

（3）洗衣店辅助设备设施的配置。

（4）洗涤设备的布局设计和安装定位。

（5）能源供应的规划设计。

（6）洗涤设备的调试与节能。

（7）专业洗衣的服务团队建设与技术培训。

五、设备选择配套时应关注的主要问题

为确保洗衣店的正常运营，防止投资过度、场地设备闲置等不良状况的发生，专业洗衣店在进行洗衣设备选择配套购置规划时，应遵照供求平衡、量力而行的

原则，在满足可预见生产业务量需要的前提下，既要具备一定的超前意识，使企业具有相应的发展"后劲"，又要防止生产力过剩，这是洗衣设备选择配套购置规划时应首先考虑的重要问题。

1. 生产业务量

在深入进行市场调查的基础上，根据可预见的业务来源及市场潜力，认真进行可行性分析，努力做好洗涤生产业务量测算，以便拟定投资计划。必要时还应进行投资回报测算，以初步确定主要洗涤设备的容量和相关配套设施。应该说，生产业务量是专业洗衣店进行设备选择配套、购置规划的主要依据。按照目前的市场洗衣价格，如果按设备投资30万元，场地60平方米10万元租金计算，平均每日起码应有30套的洗涤量才能保证收支平衡，否则就会入不敷出。

2. 场地面积和能源供应状况

生产场地的面积和能源供应状况是左右专业洗衣店能否正常运营的重要因素。应以减小占地面积，保障正常生产为原则，但应至少不低于50平方米，否则达不到规范洗衣店的标准。

3. 功能选择与辅助配套设施

专业洗衣店在进行功能选择与辅助设施配套时，应兼顾占地面积、使用性能、人员配备等多种因素之间的相互影响和制约，还应考虑辅助配套设施要占用的投资额度。不少专业洗衣店出现实际投资远大于预算的原因，常常是由于忽略了各种辅助配套设备及设施的购置费用、安装调试费用以及筹备开业的宣传费用等，这些亦应纳入整体投资预算。

4. 专业洗衣设备运转使用状况

目前国内有实力的专业洗衣店成千上万，兄弟企业的成功经验是筹建、设计、规划专业洗衣店不可多得的宝贵财富。为借鉴兄弟企业的宝贵经验，获得第一手资料，专业洗衣设备配置规划前，应该组织相关人员进行实地考察，了解不同厂家生产洗衣设备的运转使用性能以及价格、能耗等方面的状况，记录各种关键设备的整机尺寸，能源供应管线的具体位置，以及相关安装使用要求。同时考察洗衣设备销售商的售后服务质量，以便为设备选择配套购置规划积累资料和必要的数据。

5. 设备生产厂家的资质认证

为适应不同规模洗衣店的不同需要，国内外专业洗衣设备生产厂纷纷推出了不同类型、不同容量、不同质量档次的专业洗衣设备。应该说，市场上销售的专业洗衣设备，绝大多数是质量信得过的产品。但是，也难免出现鱼龙混杂的现象，以次充好的现象屡见不鲜，这不能不引起我们的警觉。

为此，进行设备选择配套购置规划时，应对相关洗衣设备生产厂家的生产能力、销售状况、科技开发水平、质量保障体系、售后服务反应速度等多方位进行调查了解，在性价比大体相同的情况下，尽量选择有实力、信誉好、服务上乘的设备生产厂家生产的产品。

第二章 前期工作

开一家洗染店有很多前期工作要做，除了经过调研、有了足够的资金支持、下定了开店的决心之外，还有很多需要注意的地方。在洗衣店已经星罗棋布的今天，想把店开好不是一件很容易的事。开洗衣店不像开工厂，只要有足够的场地、充足的能源、交通方便就可以了，要满足很多比较烦琐的条件，才能达成目标。除去市场调研以外，最起码还应包括开店选址、领取证照（如果加盟连锁店还要签订加盟协议）等，才能考虑后面的实际工作。开店前期准备工作流程如图 2-1 所示。

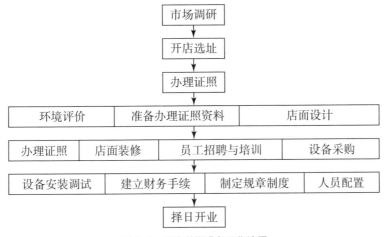

图 2-1 开店前期准备工作流程

第一节　市场调研

市场调研主要是为了选择投资方向和确定投资规模。因为服务行业普遍规模比较小，投资起点低，技术含量相对也比较低，因此是低成本切入的突破口。

市场调研比较容易，只是比较琐碎，只要认真去做就可以了，用不着特殊手段。

要根据自己的资金实力，通过当地居委会、亲朋好友、国家统计数据（网上都有）进行分析，最后决定是否进行下一步。

搞调研不能怕麻烦，每一个数据、每一个信息都至关重要，认真进行分析，以免由于不细致、调研不到位出现失误。在调研时该问的要问到，最好列出调研提纲以免落项。

调研表主要包括以下内容：本小区建成时间；小区规模、入住率、常住人口数量；小区人员结构及消费档次；现有洗衣店数量、品牌、经营状况；现有洗衣店经营得好与坏的原因；现有洗衣店的价格与服务能力及手段；周边交通状况；其他配套设施；最近洗衣店距离；自己的社会资源能否与之融合；除常住人口外，有无大型机关、企事业单位，机关单位有无自备洗衣厂等。

当然也有省事的办法，如果经济实力许可，也可以请社会调查机构进行前期调研，目前这类调查公司很多，公办民办的都有，他们在调查方面有经验、调查网络覆盖面广、出具数据相对准确可靠，可以把需要了解的数据要求交给调查机构，利用调查机构的数据决定是否可行。

第二节　开店选址

开店最重要的工作也是首要的任务就是选址，选址是一件非常辛苦的工作，"一步走错，满盘皆输"说的是下棋，而洗衣店一旦把地址选错了，就有可能是这个结果。商界有一句话叫"一步差三市"，也是这个道理。因此选址工作绝不能掉以轻心，有房就行或便宜就好的想法在这里绝对不能存在，正确的选址最低要符合以下八个条件，才能满足开店的基本需要。

第一，除去专门清洗高档服装的干洗店或颇具影响力的大牌洗衣店之外，一般都应该选择在居民聚集区。这样既能方便消费者取送，房租与闹市相比也会有一定的优势，而且今后上门取送也可以降低取送成本。另外人熟是一宝，在小区里消费者都是常客，即使出点小的差错也容易沟通。再有现在的新建小区配套设施都比较全面，开店所要求的条件基本具备，不用为了配套设施再劳神费力或额外支出费用。

第二，选址还有一个重要因素，就是该区域的消费群体的大小，一般情况下500米半径应不少于5000户常驻居民，否则很难满足一个洗染店的工作量，现在的小区，几乎没有一个是只有一家洗衣店的，你的洗衣店就是服务得再好，价格再合理，也不可能把所有的消费者都吸引到你的店内，因此没有足够的消费群体作为支撑是不行的。

第三，居民平均收入水平也是必须考虑的。消费水平是非常重要的参考数据，一个小区再大，如果住的都是老年人，也是需要特别注意的。一般情况下，老年人收入再高，也因为其平日生活节奏缓慢，完全有空余时间自行解决，而不到洗衣店洗衣。另外，消费习惯的转变也是一个不容忽视的问题。再有，老旧的企业宿舍区，也同样存在消费能力不足的可能，下岗失业人员较多、收入偏低的消费群，对于家庭生活社会化的积极性远远低于公寓写字楼，或者说他们根本不具备这种消费能力或消费愿望。

第四，使用面积不应小于60平方米，否则设备安置不下或不合理；也不应该大于100平方米，面积要与投资规模相匹配，除非生意特别火爆，在寸土寸金的地方，超过的面积几乎没有什么价值。户型以方正为好，但不能强求，只要不影响设备放置就没有太多的要求。

第五，应该有足够的水电供应。给水充足、排水畅通、电压稳定，最好具有三相电的电源（不绝对）。洗衣店是一个耗水大户，即使是干洗店，水洗的工作量也是不小的，尤其在每年春天，羽绒服的洗涤量几乎占了洗衣店全年洗衣总量的1/5，甚至更多，而羽绒服基本上都应水洗。以日均处理150件左右衣物的洗衣店为例，日均耗电要100度以上，耗水10吨左右，所以没有一个有效的水电供应是不可能的，尤其到了洗涤高峰，消耗量很可能翻番，如果能源供应不足，就会影响生产需求。

第六，所选场所二层楼以上不能是居民住房，否则环保局不会批准。根据环保局相关文件规定，居民楼内不能开设干洗店。但是为了给居民提供方便，三层以上是居民住房的底层，或在开发商申办建筑许可时，批复为商住两用房的除外。不过因各地区掌握的尺度不同，最好避开居民楼。

第七，周边洗衣店的数量、质量、品牌、价位也是非常重要的因素，如果相邻的都是大牌洗衣企业，再开一家洗衣店的成功率几乎等于零。当然加盟名牌连锁店也不妨尝试一下，但初期投入是比较可观的，没有一定的经济实力最好不要问津。这里不仅仅是一个初期投入高的问题，还可能要经历一个相当长的没利润，甚至入不敷出的磨合期。

第八，交通便利，目标醒目。不要选择在过于偏僻的位置，虽然在小区内，但是出于习惯等问题，人们不愿意到过于偏僻的地方去，再有人们都有一个消费习惯，到什么地方熟悉了，一般不轻易调换，选择的地方如果过于偏僻，等到消费者发现它时，可能他们已经与别的企业有了长期合作的默契，再往回争取就加大了难度。另外现在大多数家庭都有私家车作为代步工具，如果在一个交通极不方便、不好停车的位置，那很可能就把这些有车族拒之门外了。所以开店时必须让消费者马上知晓并一炮打响。

当然还有很多条件如果具备则更好。比如客流比较多、年轻白领集中、位置比较醒目、商业氛围浓、户型特别规整、有足够的立体空间等，但是这样的条件具备了，房租也许就接受不了了，因此要综合考虑，有了前八个条件就满足了基本要求，其他问题能具备最好，没有也不要强求。

第三节　领取证照

有了理想的经营场地，开店的准备工作基本上就成功了一半，其他的事情只要踏踏实实地按要求去做就行了。

领取证照是关键问题，只有证照齐全才能合法经营。选址时已经提到，没有证照所有的事情都办不了。

办理证照的程序如下。

准备资料（如加盟某加盟连锁，要有加盟协议）—到工商局登记（或网上申报）—领取证照—到环保局申请环评—到商务系统备案。

按程序办理工商执照、税务登记、企业条码，最后根据要求到商务部门登记。现在是三证合一，但三方面的内容缺一不可，不过现在可以网上申报，根据网上要求逐一填报，方便了许多。当然，如果加盟某个连锁企业，还要在办理工商执照之前，签订加盟协议并得到正式授权证明。

证照领取需要时间，得到批复通知后到工商部门领取执照（如开加盟店，应事先把加盟协议签好），然后申请环评，最后是商务部门登记。如果开加盟店，应先签订加盟协议，因为工商定名时要考虑侵权问题，没有加盟店的授权，名字是不可以乱用的。这几步是必须按程序走的，不能错位也不能交叉。但为了提高速度，在等待期间可以把注册资金备足并及时入账，备选的几个企业名称准备好备用，以及搞好店面设计等，这些前期准备工作都可以事先做好，只要环评一通过立刻可以进入下一个程序。

只要环评一通过，马上就可以进行装修，现在的政府机关办理证照都是有时限规定的，只要没有原则性问题一般都是很快的，因此只要按规矩办，注意不要有疏漏，一套程序走下来，在门市装修结束之后，开张迎宾应该不成问题。

办理工商执照的流程如下。

准备相关资料—到当地工商部门办理登记手续（或网上登记）—待通知后由法定代表人本人到指定地点领取。

在办理证照期间还有几个问题需要注意，具体如下。

第一，材料要真实。材料不真实以后永远都是麻烦，如果不想自讨苦吃，就应准备真实资料，资金不够就注册得少一些，不要硬撑门面、弄虚作假，人员匹配不合规就尽快想办法，任何一个要求都是有道理的，都是为合规经营打基础的，不按要求做必然会有疏漏。

第二，资料要完备，填写要清楚。资料不完备，毫无疑问就增加了办理证照的难度，而且等准备完整了又得从头审批，影响进度。填写不清楚容易出现误差或者误事，耽误的也许不仅是时间。

第三，要紧密衔接，一气呵成。一方面是为了提高效率，另一方面在办理证照期间不能交叉，但也不能脱节，有人认为办完工商执照就可以合规经营了，因此并不着急，以为什么时间去办环评都没有问题，那可就错了，超过了期限就会增加难度，而且没有环评照样属于不合规经营。因为企业环保现在是一票否决制，没有环评也就谈不上合规经营。

第四，各种手续一定要在开业之前办完，手续没有办完宁可晚开几天。现在有些企业边办手续边开业，这是不合规的，是有极大风险的。因此，应该在前期工作当中尽量安排得紧凑一些，把时间争取出来。不要看现在一切都准备好了，尤其装修得非常满意的时候，有些老板会情不自禁地认为手续已经在办理了，只不过早几天或晚几天的事，那就错了。

第五，尽可能自己或由自己的员工亲自办理，不要为了省事，随便委托别人去办，以免上当受骗。现在确实有中介机构可以协助办理证照，由于他们熟悉业务，了解程序，办理的速度快，走的弯路少，但是一般收费也相对高一些。而有些非正规中介，他们不按正规渠道办理，虽然也办下来了，但因为偷工减料，很可能存在这样或那样的问题，这就为今后的正常经营埋下了隐患，由于他们收费低廉，有一些企业选择了他们，当时省了钱、省了事，结果后患无穷。

第六，领取执照时一定要法定代表人亲自去取，这是有规定的，不能派别人去，否则有可能办不成，不但耽误了时间，还增加了成本。

第四节　员工配置

干任何事情离开人都是不可能的，机器人、无人驾驶飞机也都离不开人的控制，作为科技含量远不如机器人的洗衣机，更离不开人的操作，何况收付衣物更是非人工操作不可。所以当工作环境满足之后，第一要素就是要有足够的符合条件的员工。

一个正规的有一定竞争力的洗衣店，至少应该由 7 个人组成，其中店长 1 人、营业员 2 人、操作人员 4 人。

店长负责全店的管理工作，同时要兼职会计，还要顶替员工休息日的工作；营业员两班倒，上、下午各一人，其中一人要兼出纳，另一人兼业务员；操作人员两班倒，上、下午各两人，其中一人要兼安全员、一人兼设备维护人员，一人兼质检员，一人兼材料保管员。这是最低配置或者说是最基本要求，也是一个理论数字，每个岗位严丝合缝，不能有一个缺岗，但在实际当中几乎不可能，至少应该再有一个机动人员以备不时之需。就是这样，也需要分工合作，哪个岗位忙不过来时，稍闲的岗位应及时补上去，才能保证企业正常运转（上面提到的配置是一个理论性的安排，实际上也应该是这样的，但目前一般做不到，洗衣业是个微利行业，很多企业都是一班人马盯下来，不分班次，店长也是操作工，一个洗衣店只有两三个人是常事）。

每位员工都应持证上岗，虽然办证要有一定的费用和占用一定的时间，但是这一切付出都是相当值得的，因为如果出事故，不仅是赔偿要受经济损失，更重要的是声誉受影响，如果刚开店就接二连三地出事故，可能就不仅是声誉受影响的问题了。

店内的员工中最起码应该有一名高级洗衣师，来洗衣店的衣物，一种是厚重衣物自己不好洗，另外一种是洗涤难度高在家洗不了，如果技术不过硬也是应付不了的，这就需要高级洗衣工来解决。

营业员的岗位非常重要，这是每一位经营者必须重视的问题，有些门店的老板认为年老体弱的人在车间里干比较辛苦，可能承受不了，不经培训就放在了门市负责收活，这是一种错误的做法。其实门市岗位是一个非常重要的岗位，营业员必须经过严格的全面培训，不但要熟知洗衣程序的所有环节，还要掌握服装面料的基本常识及基本的服务常识，否则车间的辛勤劳动也许被营业员的一句话就化为乌有，尤其在加工质量有些瑕疵时更显突出，有可能招来相当于收入数倍甚至数十倍、数百倍的损失。据不完全统计，现在的投诉有 70% 以上是由于营业员的工作不到位造成的。营业员不仅仅是能把衣物收下就行了，他的一言一行都关系到企业的生存与兴衰。

店长是洗衣店的灵魂，优秀的店长能把洗衣店凝聚成一个整体，是洗衣店成功的保障。看一个洗衣店的质量，不用去看衣服洗得怎么样，只要看到店内的环境与员工的精神面貌就可以得出结论，如果店内一片混乱，员工的精神面貌非常不好，衣服的清洗质量肯定也不会高。

第三章 开业准备

开业前有很多准备工作要做，其中决定投资规模、设备的配置、门店的设计装修等硬性工作是不能回避的。

第一节 开店投资

有了资金，准备开洗衣店时所讨论的问题中，把选择店址放在了第一位。开一家洗衣店，投资规模是非常重要的一个因素，选择地点、经营面积、设备配置、装修档次、经营规模、员工配置都受其制约，因此确定投资规模，是决定要开洗衣店后的首选要素。

没有资金，当然开不成洗衣店，当然也有极端个案：比如自己住的就是门脸房或稍加改变就可以开店的房屋，与洗衣厂合作，由洗衣厂负责洗涤、取、送，利用自家的场所和人员负责收、付被洗衣物也可以经营。但本书对此种特殊情况不作探讨，在这里主要介绍前店后厂式洗衣店的实际需要。

开一家前店后厂的洗衣店大约需要 30 万~70 万元资金，如果经营正常，大概需要 2~3 年收回成本。可根据你的经济能力和筹资能力确定开店规模。

当前的筹资方式，除去自己具有充足的经济实力之外，最好是利用抵押贷款的形式向银行贷款，利息也相对合理，当然也可向亲朋好友筹集。另外，几家亲戚合资、几个朋友合伙都是不错的办法，但是据经验反映，此办法只适于开店初期，一旦规模扩大了，在分配与发展上容易出现矛盾。

开设一家正规的洗衣店，面积为 60~100 平方米，投资金额按不同面积和档次，除去房租和加盟费之外，也要 10 万 ~70 万元，金额差距非常大。

装修的差异也很大，小门小店的简易装修，与大型连锁旗舰店的豪华装修绝不可同日而语，少则一两千元甚至数百元即可开张待客，多则数十万元的装修也不罕见，但一般而言以加盟连锁的统一要求为准，有几万元足矣。

设备采购是开店的重头开支，也是区别投资规模的主要因素。干洗机的价格差异是最大的，现在国家的政策，已经不允许使用开启式的、以四氯乙烯为洗涤溶剂的干洗设备，但全封闭式的以四氯乙烯为溶剂的干洗机，即使是国产设备也存在着从每台 4 万元到 20 余万元的巨大差距，使用碳氢溶剂的干洗机，由于还没有限制是否是全封闭（北京已经严格规定无论使用何种洗涤溶剂，均不允许使用开启式干洗机），就更有由开启式的 2 万多元到全封闭式的数十万元的几十倍的差别。

第二节　设备配置

设备是干洗店的基本元素之一，正规的干洗店如果没有设备，根本无从谈起，所以设备必须要完备。

一般的干洗店，按照该地区的洗涤量，最基本的应该配有 8~10 千克或 12~15 千克全封闭、全自动（洗衣、甩干、烘干一体）干洗机一台；烫台两台；15~25 千克水洗机一台（现在大多数洗衣企业还没有，多数使用的是家庭用洗衣机，随着市场的需求，正在逐步增加）；与水洗机配套的烘干机一台；去渍台一台；衣物输送架一台；蒸汽发生器一台；手工操作台一个；监控设备一套。

开洗衣店以干洗为主，干洗机是主要的设备之一，目前使用的机型根据店面面积和预期洗涤量，使用的多为 8~10 千克和 12~15 千克的干洗机。

现在市场上洗衣企业使用的干洗机，基本上是以所使用的清洗溶剂划分的，一般分为两大类，使用四氯乙烯溶剂的占 70%~80%，使用碳氢溶剂的占 20%~30%。

1. 以四氯乙烯为溶剂的干洗机的优势

（1）去污能力强，洗净率高，目前还没有相应的替代产品。

（2）设备采购价格相对低廉。

（3）操作简便易行。

2. 以四氯乙烯为溶剂的干洗机的不足

（1）脱脂能力太强，清洗裘皮、皮革时容易过分脱脂。同时不宜洗涤真丝制品，不能洗涤人造革制品。

（2）容易与化学涂层产生反应。

（3）如果操作不当，废气对操作者有害。

（4）废渣对环境造成污染。

3. 以碳氢为溶剂的干洗机的优势

（1）干洗裘皮、皮革、丝绸的最佳选择。

（2）对操作人员身体的影响及环境的影响相对较小。

4. 以碳氢为溶剂的干洗机的不足

（1）洗净度较差，对过于脏的衣物不容易洗净。

（2）溶剂容易爆燃，对环境要求较严格。

（3）全封闭机型采购成本高，限制了其推广发展。

以四氯乙烯为溶剂的干洗机在国内主要分为：①进口机型。以意大利产品为主，有部分美国、德国、英国产品。②国内生产的国外机型。西班牙的优萨干洗机。③国内中施公司、海狮集团、航星集团、绿洲公司、成飞集团、雅森公司、申光公司、汇洁公司、洁神公司、小鸭集团等生产的干洗机。

以上企业大多也生产使用碳氢溶剂的干洗机，但由于市场的原因，规模普遍较小。

碳氢溶剂干洗机中高档的应属日本产的三洋干洗机，韩国产品也有，主要是大连的丘比特干洗店在用，目前有不断扩大的趋势。我国台湾地区的象王干洗店也使用的是石油干洗机。其他地区使用的比较少，国内生产的高档机也有，但市场很小就不多作介绍了。

使用液态二氧化碳为溶剂的干洗机是当前最环保、对衣物损伤最小的干洗机，但因制备价格太高，很少有人问津，因此不再介绍了。

熨烫设备是洗衣店中最重要的附属设备，不管干洗、水洗都离不开熨烫，烫平机（亦称为压平机）是大型的熨烫设备，按熨烫方式分槽烫、平烫；按辊数分单辊、双辊、三辊；此外还可按辊径、按辊长分为不同种类等。但是由于洗衣店一般用不上，只有集中洗涤并以布草为主的才有用武之地，此处不再赘述。

烫台是每个洗衣店不可或缺的附属设备，目前市场上的烫台分为两大类，一种为低档的一般烫台，只是作为熨烫时的承载体；另一类为具有吸风功能或鼓吸风同时具备的鼓吸风烫台，详细情况会在后面作比较具体的介绍。前者很便宜，一般的洗衣店都不用，后者便宜的也得数千元，贵的有两三万元，有的更高，福奈特、三洋等外资大型连锁店一般用的都是进口或按进口要求国内生产的烫台，价格比较高，一般在 3 万多元，其他大的品牌也要 2 万元上下。

蒸汽发生器、去渍台、操作台、自动挂衣架（个别企业有水洗机、烘干机），生产的企业很多，除进口的之外价格差异也不很大，而且一般情况下，买哪一家的干洗机随后也买同一家的其他附属设备，或委托他人全面采购，在此也就不另行介绍了。

从 2009 年开始，北京已不允许开启式干洗机的存在，不管使用什么溶剂的干洗机，只要是开启式的一律叫停，在全国范围内什么时候开始不得而知，但最好从现在起就不要考虑使用开启式干洗机开店。而且开启式干洗机不仅破坏环境，使用成本也高得多，虽然初期采购成本较低，但整体核算并不合适。一台好的全封闭式干洗机的耗材，只用到开启式干洗机的 10%~20%，所以不如前期一步到位。

第三节　店面设计与店堂装修

资金和店址有了着落之后，除去办理证照以外，就应全力以赴地搞好店面设计和场地装修。

典型的洗衣店平面图如图 3-1 所示。

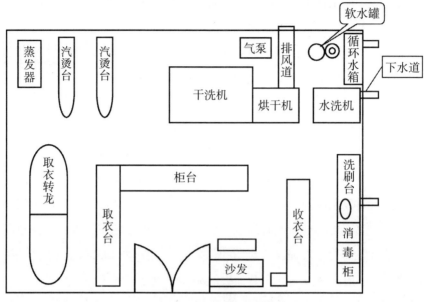

图 3-1　典型的洗衣店平面图

前面提到洗衣店面积以 60~100 平方米比较合适，此处列举规整的中间面积 10 米 ×8 米即 80 平方米店面作为实例供您参考。

图 3-1 只是设计其中的一种，户型不同，面积不同，水源、电源的位置，包括购置设备的体积，都会影响到布局。

洗衣店的要求比较特殊，既不同于专搞经营的商店，也不同于专门生产的工厂。现在为了让消费者在最短的时间内可以取走衣物，大多数洗衣店都采取前店后厂的经营方式，而且为了使消费者放心，一般都采用半开放式操作。应根据场地面积大小、设备配置情况以及前面所提到的经营要求，确定设计方案。

根据以上要求在确定了场地之后，最好请专业的设计人员进行设计，虽然要有些费用，但省心省事，只要把设备尺寸及自己的想法告知设计者之后，把其带到现场后就可以了。但是为了节省开支或愿意更好地体现个性，自行设计也是一个不错的选择。

对于我们的装修设计，富丽堂皇绝不是我们追求的标准，花里胡哨可能使人心烦；但也不能庄重得让人望而生畏。我们的标准是清新、自然，设备错落有致、环境整洁有序、颜色清淡雅致、服务主题鲜明。

目前比较流行的主色调是淡蓝或浅绿，不管是门楣灯箱，还是室内彩饰，均没有太大差别。店内只要户型允许，一般正面是收付衣物的柜台，后面为干洗机正面，再后面为其他操作设备，户型不理想时可根据户型灵活掌握，只要便于操作又不给人以过于零乱的感觉即可。

以上是基本设施布局，如果有足够的面积，为了加强竞争力，可在店面设计上下功夫，开辟等待休闲区是个挺好的创意，前庭摆上沙发（艺术坐凳）和放有花瓶的茶几（方桌或圆桌），会让人觉得既舒适又温馨，如果能够配上电视和几本时尚杂志，让顾客衣服还没洗就已经喜欢上了这里的环境，也许他今后会成为这个店的忠实顾客。

内饰一定要留出明示营业执照、资格证书、监督电话、服务内容、价目表、注意事项等的位置，这不仅是规范的要求，对企业具有一定的制约，更主要的是给消费者一个安全消费的环境，使顾客觉得在这里消费踏实、放心，甚至有一种依赖的感觉。

前台收付衣物一定要严格分开，脏、净分离是我们洗染行业必须严格遵守的一条戒律，设备布局也要遵从这个原则，同时还要考虑设备的工作联系，相关环节的设备尽可能缩短距离，比如熨烫衣物的工作台，与取未熨烫衣物的距离每增加1米，操作工每天为此就要多走数百米的路，假如悬挂熨烫成品的位置也是如此，那距离还要加倍，不仅增加了操作人员的劳动强度，还会影响工作效率。而且这里仅仅指的是1米之差，现实中相差若干米的属于正常。在这里，有些是由于场地限制，没有办法，但是大多数是由于设计时没有注意到，或为了某种设想的体现忽略了工作的实际需要。

管路设计也是重要的因素，既要美观大方，尽量隐蔽，又要维修保养方便。一家出色的洗衣店，一天要十多个小时不间断的工作，人需要休息，设备也如此，适时地停机保养是保障设备正常运转的基本要求，更不要说设备出现故障需要检修时，也要有足够的场地与相对方便的条件。这一切都是在设计中要重点注意的方面。

通风也是不可忽视的环节，不管用什么溶剂作为干洗剂，都不可避免地出现异味外逸，操作人员整天生活在这种环境当中，不管多与少对身体健康肯定有影响，另外消费者走进洗衣店闻到一股异味，恐怕也不是很理想的事情。所以，强有力的通风系统是为员工创造一个有益健康的工作环境、也是使消费者真正享受温馨消费的一个有效手段。而这一切都要在设计时恰如其分地得到安排。

设计时一定要注意供、排水管径、走向，电力负荷、供电项数、电压稳定情况、供电能力等。一般情况下，供水管径不能小于 6 分；冷却水应该回用；电力负荷应该最少不低于 50 千瓦，因为蒸汽发生器就至少需要 36 千瓦，如果电力不足，有充足的燃气供应替代能源也可以。

管线走向示意如图 3-2 所示。

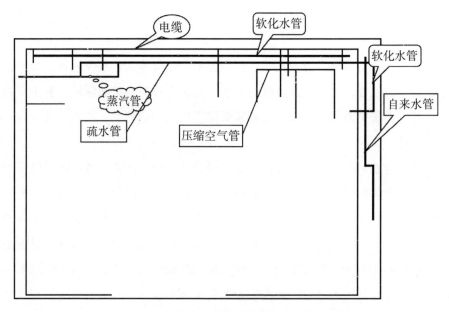

图 3-2 管线走向示意

图 3-2 与洗衣店平面图（图 3-1）相匹配，管线是根据图 3-1 设备安放位置设计的走向。

店堂装修费用相差极大，一方面是档次不同，所用材质价格存在差异；另一方面是面积与设备数量不同；此外还有一条是人们最容易忽视的，就是办工程洽商。

不管是建筑施工还是装修施工，由于建筑市场的竞争，报价都是很低的，几乎没有什么利润，如果没有洽商，预算就是决算，装修队就没法生存。但是设计毕竟是设计，总有想不到或与现实情况不符的地方，当按设计无法继续施工时，或发现设计与现实要求差距比较大时，就必须办洽商，这时装修企业往往会要价非常高，如果不同意，工程将无法按期完成；若重找其他建筑企业，一般不愿意接半拉子工程，即使接，也同样要价很高，因为对方要把前期风险计算在内，所以一般的情况下，业主都是忍气吞声，以保证工程顺利完工。当洽商一个接着一个时，费用就很难说了，所以设计时必须尽量少出疏漏，以免费用过高。

洗衣店装修要求简单明了，不必使用非常高档的材料，但前面需要待客，后面需要生产，装修材料质量太差也是不行的，材料不要求档次，但必须结实，装饰不要求华丽，但要求雅致，布局要求紧凑合理，配置功能齐全，看着舒服、操作方便就可以了。

当前门面装修大多数以玻璃为主，让人在外面就能看到里面的操作情况，尤其是设备比较先进并且齐全、技术力量比较雄厚的企业更是如此。他们希望店面越宽越好，尽可能展示自己的风采。

装修一定要严格按设计执行（洽商除外），设计中的每一个要求都是经过反复测算得来的，不能偷工减料，节约开支应该是在设计时的把关，而不能开始装修后再考虑节约。设计中的管线位置、容量、接驳情况、负担能力等均不得马虎，不能降低标准和要求，否则生产时就可能受到掣肘。

"温馨雅致、顾客至上、操作方便、安全卫生"一定是装修的主题，但要有所发挥，以设计灵魂成就装修典范，才是成功的装修。

装修选材是非常重要的工作，由于洗衣店湿度大，又要不断地接待顾客，同时环境又要一直保持整洁，所以洗衣店不宜铺地板、地毯，前厅以地砖为佳，操作部分水泥地足矣。但墙壁最好贴瓷砖，以免潮气太大使墙壁斑驳，既影响卫生，也有碍观瞻。

第四章　人员管理

要想把店开好，硬件无疑是必备条件，但软件也非常重要，尤其是从业基本要求、员工素质、员工招聘、员工培训、员工配置、员工管理等都是开好一家洗衣店的必要因素，缺一不可。本章对这几项要素进行了比较细致的表述。

第一节　从业人员基本要求

在计划经济向市场经济转型后，市场竞争日益激烈，已成为业内人士的共识。企业要发展离不开人，一个企业的成败兴衰主要取决于企业拥有人才的质量及数量。不难看出，企业之间的竞争越来越表现为员工素质的竞争，这已成为不争的事实，只有具备高素质的人才，才能有高素质的企业。谁掌握了人才，谁就掌握了市场竞争的主动权。

开一家洗衣店，对从业人员的要求还是比较高的，尤其是当前的形势，与早些年已经不可同日而语，不少企业老板的文化水平都是很高的，所以在已经很激烈的市场竞争当中，一个新企业要想从中分一杯羹，没有一定的实力是不行的。

首先，应变能力是投资者应具备的一个不容忽视的条件。因为现在的竞争手段五花八门，而且变化极快，从业者不能相应改变就有可能吃亏。其次，要熟知业务技术，对业务一无所知的人去管理，企业成功的可能性极其渺茫。最后，要有组织协调能力，一个洗衣店少则 3~4 人，多的有十几个人，管理起来也需要一定的能力，店内的几个人如果不能团结一致，这个店恐怕也开不好。业务和管理能力可以通过学习来提高，如果加盟品牌店，会有相应的培训。如果想单立门户，到社会培训学校进行学习，也完全可以。

洗衣店虽小，员工问题却不小。除了我们经常用于衡量人才的标准，如学历、身体状况、文字能力、表述能力、电脑水平、外语水平、公关能力、反应能力、工作经验等外，由于洗衣店是窗口行业，还要求员工具备一定的外在形象。

员工个人的外在形象直接体现着他的个人教养和品味，也反映了他个人的精神面貌与生活态度，同时也展现了他对服务对象的重视程度。所以服务人员的个人形象，是其所在洗衣店的整体形象的有机组成部分。艾伯特·梅拉比有一个公式，他说：一个信息的传递由以下因素组成，其中 7% 是语言、38% 是语音、55% 是表情，可见服务人员的个人外在形象有多么重要。只有内在的条件，是远远不能满足窗口行业服务人员的工作要求的，必须具备基本的外在形象。因此，对服务人员提出了一定的基本要求。

一、营业员着装要求

工服应保持干净、平整、无破损。

衬衣的袖口不得外翻在制服外，保持袖口、领口的清洁。

员工卡应别在工服左上部，不歪斜，不遮盖，保持光亮无污染。

二、洗衣店员工的仪容仪表

男、女员工均应头发干净，梳理整齐。

男、女员工均不应使用气味浓烈的香水或油脂。

男员工不准留胡须，女员工化淡妆。

男员工不许戴耳环。

保持双手和指甲清洁。

注意个人清洁卫生，避免令人不适的体味。

注意口腔卫生，岗前不饮酒，不食如葱、蒜等强烈气味的食物，防止口腔异味。

三、营业员的行为举止

为顾客服务的过程中不准吹口哨、哼小曲。

说话不要过快或过慢，语气语调要尽可能轻柔。

走路时要保持体态端庄、步伐轻盈。

除非紧急情况，不得在店内奔跑、追逐。

为顾客服务时，员工之间不准嬉笑、打闹。

在店内不得倚靠接待台、墙壁等。

在顾客面前不得手揣兜内、手叉腰或双手抱胸。

待客语言要措辞得当，注重礼貌用语。

不得在顾客面前有任何不雅的举止，如剔牙、打哈欠、挖鼻孔、挖耳朵、嚼口香糖等。

第二节　员工招聘与培训

要想开好洗衣店，做好了硬件的准备工作之后，也知道应该要配备什么岗位的员工，员工招聘就成了主要议题。

员工招聘除了对品德的要求以外，主要从身体条件、文化水平、工作态度、工作经验等方面综合考虑。

首先身体要健康，不能有传染病和器质性疾病，洗衣店虽不属于重体力劳动，但是也绝不等同于其他非劳力性工作，没有一个好的身体作为支撑是不行的，一天中经常要长时间站立。其次由于洗衣店属于窗口行业，要求员工要五官端正；有一定的文化水平，要初步掌握电脑；应具备与陌生人交流的能力，在每天不断变换的客流当中从容应对；对工作认真负责，不推托不推诿；有工作经验最好，但频繁跳槽者要慎重考虑。

我们在前面已经讲了人员素质，招聘来的员工不可能都达到，所以，员工岗位培训是一个不可忽视的环节，员工合格上岗是增加收益、减少损失的基本保障。培训是全面的，要从纤维组成、识别衣物标识、设备操作、使用原材料、理论学习、实际动手，一直到如何做好周到服务进行全方位学习。有些老板从事洗衣业以后，对洗衣一无所知，也没有认真地进行学习，片面地认为洗衣服大家都会。但是时代不同了，一是效果不同，洗衣店洗的与我们家中洗的结果就是不一样，其差别就在于技术含量；二是我们现在的生活水平提高了，穿着的衣料不同了，自己在家里洗不了了，也说明有技术和设备的差异；三是服装面料日新月异，不要说非专业人士，就是专业洗衣者也经常遇到新问题。所以要想开好一家洗衣店，不经过很好的培训是万万不行的，现在的洗衣事故层出不穷，与老板不懂业务是分不开的。所以还要经过培训，使员工能够达到上岗要求。

岗位培训是洗衣店开业的必要过程，同时，开业以后，不断地对员工进行技术提升也是必要的。

除去业务常识的学习以保证能够正常开业经营，还有一项最主要的内容是服务常识的学习，业务知识可以在以后的实践当中积累或者向有技能的专家慢慢学习，服务常识却不能等着去积累，开业就必须到位，否则一开业就把消费者得罪了，以后的客流就会受到影响，收取衣物检查不到位，就会造成不必要的损失。

因为参加岗位培训属于在职教育，人员水平参差不齐，所以老师在教学时一般都按照中等水平授课，这样对于有了一定基础和没有一点专业知识的人员来讲都是问题，所以就要求学员主动地提出问题，不懂就马上提问，老师是不会责怪的。反之，如果你学了半天，什么也没学会才是你的损失。因此在岗位培训中应当认真学习。

第三节　员工管理

洗衣店的规模决定了它的管理模式，不能完全等同于正规的大型企业，规章制度要有，但不宜太细、过多，因为人太少，每一项似乎都特有所指，容易让人逆反。企业虽然小，但很难完全以制度管人，因此不一定就比大企业的一个基层组织好管理。

要想管好洗衣店，就要了解每一个员工的脾气秉性、爱好、特长、家庭状况、婚姻状况、经济情况、个人需求等。然后根据对方实际需求，给予力所能及的帮助，使员工感觉到是生活在一个温馨的大家庭里，自觉自愿地为企业服务。

当然也不能一点制度也没有，比如考勤制度、工作要求、着装站姿、文明语言等，总之凡是可以统一要求的一定要有，凡是只单对个人的，就要慎重。

企业分工一定要明确，责任要清晰，处理问题要公正，奖惩要严明，无论企业大小都要做到。关心职工、人性化与管理不矛盾，该关心、该人性化的地方一定要做到家，尤其是人少的企业，这一点尤为明显，只做一部分不如不做，因此平时说人性化管理看似很容易，其实很难，不是不想做好，而是常常因为疏漏导致没有做好。所以人性化管理也要认真研究，先把它学到家，再把它用到家才能成功。

以人为本是人性化的精髓，严格管理是管理的中心内涵，能把两者有机地结合起来是管理的成功之道。

怎样才能有机地结合起来，说起来也很容易，就是三个"到"：一是自己率先做到；二是为对方想到；三是合理的要求应要求到。这三个"到"做到了，不要说一个10人左右的企业，就是几十人或上百人的企业甚至更大的企业，管理起来也没问题。但是舍不得付出这三个"到"，是做不到的。我们经常讲"率先垂范，身先士卒"，其实就是我们前面讲到的第一个"到"。你能否保证每个工作日中迟到、早退的人员里没有你；你能否保证对所有员工的要求你都能不折不扣地做到；你能否保证最脏最累的工作你是冲在最前面的一个；你能否保证在既得利益面前不去与员工争夺；你能否保证在出现责任问题时勇敢地去承担等。这几个"能否"虽然不能说明问题的全部，但是能够做到就已经非常不容易了。后面两个"到"是讲除了要身体力行以外，还要建章立制以及为员工着想等，在这里就不一一赘述了。

多表扬少批评，榜样的力量是无穷的，人都是有自尊的，每个人在接受任务时都是想把事情做好的，所以当员工出现失误时，应该帮助其认真查找原因，避免再次出现同样的失误，而不应该盲目地批评。

每个人都有亮点，作为领导者要善于发现员工的长处，充分发挥其特长，这样不仅对该员工有利，对企业会更有利。

第五章 企业经营

前期的一切工作其实都是为了经营在打基础，而企业能否正常生存直至发展壮大，正常开业以后就要看经营者的能力了。本章从开店模式、经营环境与政策、定价与经营技巧等方面作了一些提示，以供参考。

第一节 开店模式

当前洗衣店的模式包括：设备配备完整的前店后厂的洗衣店、只有部分干洗设备的干洗店、没有设备只负责收付工作的收活网点、只做皮衣养护的皮衣干洗店，加盟连锁企业的直营店、加盟店，还有增加了皮鞋、皮包、皮具护理或其他功能的综合服务店等，多种多样。为了让准备开店的朋友能够有多一点选择，在这一节里先对洗衣店几种主要模式作一个简单的介绍。

1. 前店后厂模式

现在这种模式是市场上采用最多的，尤其是加盟连锁企业，基本上都采用这种模式。其优势是方便快捷，工作场地公开透明，可使消费者一目了然、放心消费。缺点是技术力量不一定都能得到有效保证。现在洗衣行业的技术人才比较缺乏，有了难度比较大的问题，自己解决不了，就不得不求助于其他企业。现在国内的加盟连锁洗衣企业，超过或接近千家的就不少，例如：福奈特、布兰奇、翰皇、卡柏、绿环、洁西亚等，均采用这种模式。荣昌原来也在这支队伍里，现在主要做线上洗衣。

2. 集中洗涤模式

该模式解决了技术力量不足的问题，技术人员整体把关。洗衣店没有大型设备，只负责收取衣物，然后集中洗涤。店内只备有烫台、缝纫机等简单的辅助工具，以满足简单服务的需要。缺点是反应速度慢，取送的时间没有办法保证。由于近年来开店选址难度较大，加之成本不断提升，尤其线上洗衣的普及，集中洗涤模式发展势头强劲。

3. 相对集中式洗涤

它的代表企业是三洋，在北京，三洋有几个规模相当大的洗衣店，不仅洗自己本店收取的衣物，还负责清洗周边一定范围内的收衣网点的衣物。这样不仅解决了技术力量不足的问题，也解决了取送衣物过远、影响时效的问题。当然这种模式也有不足，即开店者必须具有充足的实力，一个是中心店必须足够大，确保能够为周边的收衣网点提供服务，再一个是有实力同时在周边设立足够多的收衣网点，否则中心店的产能过剩也是一种损失。如果自己不建收衣网点，只为别人服务，就存在一个活源是否有保障和利益分配的问题。

除上述几种模式外，还有自己开的前店后厂式的洗衣店、专为加盟连锁企业开的收衣网点、在自己开店的基础上增加收衣网点、自己同时开几家加盟品牌连锁店的单店等，在此就不一一列举了。本章重点讲述的是第一种，设备配备完整的前店后厂式的自营洗衣店。

第二节　经营环境与政策

有一句话叫作"既要低头拉车，又要抬头看路"，说的是只知道闷头干活是不行的，一方面是要对周边环境有一个细致的了解，另一方面要清楚国家的发展趋势对所在地的影响，还有就是国家相关政策对该产业的要求、动向等，都可能影响企业的生存与发展。

比如周边环境，虽然在选址时已经进行过调研，但不是一成不变的。

例如北京市，前几年西北边房价太高，所以当时不是非常富裕的人好多都买东边或者南边的房，不想国家决定在东边建中央商务区，跟着再往东又建了中央居住区，这一下东边的房价飞涨，富人也跟着过去了，消费水平马上提升了若干档次，如果不了解这个变化的趋势提前下手，等到今天再去租房开店，成本不知要差多少倍，要不就只能将商机拱手让给他人。

其实我们身边类似的例子很多，所以，随时了解周边的每一点细微的变化，密切注视国家及地方的政策走向，迅速作出相应的调整，比别人早走一步就能抢占先机。

第三节　品牌经营、大势所趋

改革开放40多年来，我国的国民经济取得了长足的进步与发展，与此同时，作为服务业的洗衣业，在市场经济的大潮中，也已开始从无序走向成熟，洗衣市场的洗衣难问题早已不复存在，随着市场格局的变化、人们消费意识的转变、顾客维权意识的增强，洗衣业的竞争变得日趋激烈，因此，规范服务、实施品牌战略势在必行。

一、何谓品牌

品牌是什么？美国市场营销协会（AMA）给品牌下的定义是：品牌是一个名称、术语、标记、符号或图案设计，或者是它们的不同组合，用于识别某个或某群销售者的产品或服务，使之与竞争对手的产品或服务相区别。这应该是一个比较权威的定义了。

洗衣店经营运作必须进行商标注册，而且为了树立自己的独特形象，扩大自己的影响，还常常进行视觉系统设计。洗衣店之所以想方设法打造自己的品牌，其基本想法就是为了创造社会效益和经济效益。

但是，良好的视觉形象只是构成洗衣店整体形象的因素之一，它可以对洗衣店的起步、发展起一定的促进作用，却不是使洗衣店成功运营的唯一因素。如果单以名称、标志、颜色就能进行品牌经营，那么，开洗衣店只要多招聘一些学习美术的员工就可以了。只有以科学的品牌理论指导洗衣店的经营运作，才能保证洗衣店成为洗衣业的品牌，继而实现创造社会效益和经济效益的目标和愿望。

品牌不仅要具备外在视觉要素的某种标准，还要有整体的精神文化标准、产品和服务标准以及由此形成的企业经营理念、经营策略、行为规范和企业目标等。总之，品牌是精神文化与物质载体的融合。

品牌首先是产品或服务标记的名称。当人们提到某个品牌时，就会自动联想到某种商品或服务。品牌是籍贯：当人们说到某个产品时，会自然而然地联想到那个拥有品牌产品、生产品牌产品的企业或国家，会自然而然地联想到它的原产地。"品牌是籍贯"的达成可以增加市场的信任，可以转换成顾客对品牌的认可。人们都知道，世界上的皮具王国是意大利，所以，若干销售皮革化工材料的厂家，纷纷贴上意大利的标签，这就足以证明市场信赖"品牌"的力量。

品牌必须突出自我，必须具备相应的个性化魅力，必须以具体的产品或服务为基础。如果缺少这方面的知识与意识，洗衣店就不可能积极主动地去打造自己的品牌。

品牌对消费者具有强大的吸引力和诱惑力。某个品牌之所以为众多顾客所认可、所接受，正因为它代表的是一种符合消费者需求的优质产品和服务。而且，企业所提供的产品或服务的水平越高、质量越好、个性越鲜明，就越能博得消费者的喜爱和青睐。正因为如此，品牌能有效地区别竞争者，在变幻莫测的市场环境中，应利用强大的品牌号召力应对急剧变化的挑战，从容实现自身的目标。

二、市场竞争需要品牌

随着科技的进步，生产力水平的提高，衣物清洗和服务的同质化倾向越来越明显。低层次的价格战以及充斥着弄虚作假的炒作宣传，已不能获得消费者的信赖。尤其是一些档次低、服务差的中小洗衣店，满意度差、诚信度低，成了洗衣业的薄弱环节。"大浪淘沙，适者生存"，有战略眼光的投资者，纷纷把目光投向了品牌经营。

20世纪90年代以来，国内众多小有名气的洗衣服务企业，或者通过加盟品牌，或者自己创建品牌，取得了飞速的发展。这些洗衣店以赏心悦目的形象、优质贴心的服务、众口皆碑的信誉，博得了众多消费者的青睐。品牌不仅成为了消费者情感和精神的寄托，也为洗衣店带来了丰厚的效益。正如营销专家所说："拥有市场的唯一方法是拥有占统治地位的品牌"。

三、行业特点呼唤品牌

和其他行业相比，洗衣业科技含量低，手工操作工作量大，况且，衣物的质料不同、染色牢度不同、污染状况不同，所应采取的清洗护理工艺手段有很大区别。从这一意义上讲，洗衣业是个很难标准化的行业。然而，正是由于市场壁垒低，进入才比较容易，但这种低门槛却直接导致了大部分洗衣店管理的滞后。

品牌的核心是质量。洗衣业涉及的质量，不只是衣物的洗净度、熨烫整理的平整挺括，还应包括健康、环保以及满足消费者个性需求等内容。品牌经营就是要高质量、高品位。洗衣店应该有严格的质量评价与管理体系，层层把住质量关，强化质量意识，视质量为企业的生命线。为此，质量价格比相对较高的干洗设备成了确保衣物干洗效果的关键因素。

四、规范管理才能创造品牌

"麻雀虽小，五脏俱全"。作为洗衣店，特别是中小型洗衣店，客观地说，虽称不上是严格意义上的企业，但却离不开各项工作的计划、组织、领导和控制，离不开生产经营活动的运作、各种资源的合理配置和充分利用，方可使洗衣店尽可能获得最佳的社会效益和经济效益，促进洗衣店的发展。

洗衣店的通病是制度不够健全、队伍不够稳定、管理不够规范。这些不足在许多中小型干洗店中表现尤为突出。洗衣店日常经营运作过程中，或者靠个人权力，或者靠固有经验，或者靠心血来潮，随意性强，管理效果差。

优质的洗烫效果和让顾客满意的服务源自规范、科学的管理，而清新、卫生、挺括、整洁的衣物洗烫效果以及贴心服务所带来的是洗衣店的信誉和事实上的品牌。顾客对洗衣店的认可和赞誉形成的归属意识和总体评价，即为洗衣店的品牌。所以说，优质的服务质量和服务态度来自于科学规范的管理，而科学规范的管理则创造了洗衣店的品牌。

洗衣业具有服务性、礼仪性与手工操作性等特点。衣物的洗烫效果与服务态度和服务质量，在很大程度上取决于从业人员良好的职业道德、严谨认真的工作态度、丰富的实践经验和娴熟的操作技能，对从业人员的要求很高。为满足现代洗衣业对从业人员的高素质要求，洗衣店必须建立合理、规范、完善的规章制度，实行规范化服务，使洗衣店的各项工作实现程序化、制度化，做到洗衣店管理有制度，员工行为有规范，服务顾客有标准。只有这样，洗衣店才能创造出自己的品牌。

五、连锁加盟是推动行业品牌化的最佳途径之一

和工业发达国家相比，我国的现代洗衣业起步较晚，基础薄弱，绝大多数中心洗衣店从业人员的素质较低。为此，商务部要求洗衣业加大培训力度，实行持证上岗。这不仅是洗衣业发展的需要，也是各种规模的洗衣店提高服务质量、创造品牌、维护和发展品牌的必经之路。

品牌不只是一个名称、图案，品牌是公众认识洗衣店、选择洗衣店服务的标志，是人们对洗衣店服务质量、服务态度的认可与反映。所以，品牌是洗衣店整体形象、信誉的概括，更是洗衣店决胜市场的有力武器。

连锁加盟经营的本质内容是品牌经营。品牌经营通过规模化经营、标准化服务、规范化管理，促进各连锁加盟店的素质与品位、服务档次和服务质量、规模效应和环保水平，在平稳快速的状态下得到发展和提升，推动各连锁加盟洗衣店总体水平的提高。所以，连锁加盟是创立洗衣业服务品牌、推动行业品牌化经营的重要途径之一。

第四节　定价与经营技巧

定价技巧也是一门学问，价位合适了就会顾客盈门，否则就可能门可罗雀。一般而言，低价位是一种有效的竞争手段，但是它也是最低级的竞争方式，并且不一定是越低越好。企业是靠利润支撑的，没有收益的企业就没有存在的意义，这是任何一个开办企业者所不愿意看到的情况，如果价格低到无钱可赚的时候，大概就离倒闭不远了。我们应认真分析自己的优势，如地域服务距离、停车方便程度、营业时间长短、服务项目多寡、装修档次、品牌效应、员工操作水平与公关能力等，这些都是我们竞争的手段。如果我们有多项优势，价格高一些根本影响不到我们的正常经营，而且也不应该把该得到的利润让给别人。在现实当中，我们很多品牌的洗衣店都彼此相邻，价格差异也很大，但是价格高的企业并没有受到影响，就充分说明了价格并非唯一竞争因素。

打折是一个不错的促销手段，但是，如果长期打折、没有优惠的对象范围就失去了打折的意义，还有可能被认为档次低。要有间歇、要有对象，让老主顾感到确实受益，以确保成为你永远的忠实顾客。对于一次洗得虽然较多，但只此一次的，就应该考虑适当优惠或根本不要打折，因为他一次洗得再多，在你整个收入当中也占不了多大比重，你最主要的收入来源还要靠忠实顾客。所以让忠实顾客感觉到了温暖和实惠才是你的目的。

促销手段的高低决定着经营效益的好坏，我们若想把周边的客户尽量都吸引过来，是需要下些功夫的。

现在的年轻人大部分不会做家务，能拿到外面解决的大多不会自己再想办法，能在一个地方解决的不会跑好几个地方去解决。这就给我们带来了商机，服务项目多一些就有可能吸引到更多的客户。

在特定的时段对相应的人群实行一定的优惠甚至免费，也是扩大影响面、提高知名度的有效手段，比如教师节、重阳节、建军节等打出让人心动的优惠政策，虽然当时可能不赚钱甚至赔了钱，但是争得了消费者，提高了影响力，这些是光靠金钱买不来的。

第五节　延伸服务

在商界原来流行着这样一句话，叫做"不怕不卖钱、就怕货不全"。以前大的商场很少，一般都是杂货铺，杂货铺的东西品种全了，人们图省事就愿意去。按现在的话讲，就是一站式购物。这也是一般人的消费心理，尤其现在人们的生活节奏比较快，更不愿意多耽误时间，即使部分商品价格稍贵，只要不是差别特别悬殊，人们也可以接受。有些老年人虽然账算得比较精细，时间也很充裕，但是身体条件和精力有时却达不到，现在的商场和超市都非常大，转一圈下来年轻人都会感到疲乏，所以为了节省精力也愿意到商品门类比较全，可以一次办齐的地方采购。

其实在上一节已经涉及了这一点，提到了增加服务功能的问题。如果消费者来洗衣物，把鞋也擦了或是顺便修好了；裤脚边也扦好了；拉锁也换上了；破的地方都补好了；缺的扣子也钉上了；甚至备用的钥匙也配好了、手表的电池也换上了、眼镜腿也修得合适了、手机的电都充好了，其中有不少还是免费的（例如擦鞋、充电、修眼镜腿、钉纽扣），相信肯定会有人愿意来洗衣服。当然洗衣质量首先要能够保证，再有价格不能离谱，还有就是要搭配得当，应以增加与洗衣相关联的项目为重点，不要给人以不专业或杂货铺的感觉。

电话预约上门收取衣物是一个不错的办法，虽然需要耗费人力，但是增加了收入还是合算的。现在，在业务比较好的门店，前台的压力还是比较大的，开辟上门取送业务，也等于增加了柜台面积，减少了前台压力。现在有一个问题要特别注意，就是收送衣物时，一定不能将认真检查这一环节省略。我们不少业务员，碍于情面，上门时不认真检查，错误地认为都是老顾客不会有问题，确实99%的人都没问题，但是遇上1%的可能，也许就把你相当一段时间的收入化为乌有了。

近年来由于互联网的快速发展，线上洗衣迅速兴起，线上洗衣足不出户就可完成洗衣的收付工作，深受消费者青睐。但是这里存在一个出现纠纷的风险。一旦结果出现争议，很难说清责任归属。洗衣店安装监控设备，就是为了在收取衣物未洗之前，留好影像资料，以备不时之需。

售后服务也是不可忽视的问题。我们虽然不存在洗完的衣物还要有什么再服务，但是顾客衣物取走之后，我们是否可以打个电话了解一下是否满意？易褶皱的衣物洗完之后我们能不能再负责免费熨烫一次？这对于我们来讲都是举手之劳，但是对于顾客来说，他的感受却非比寻常。也许因此他就成为了你永久的忠实顾客。

第六章　服务常识

我们是服务行业，因此"服务"两个字，对我们洗染行业来说，比其他行业可能显得更重要，服务的好与坏不仅影响到个人的利益与前途，还很有可能直接影响到企业的生死存亡。所以学好服务常识，是我们每一位员工必须做到的，尤其前台营业员更是要时刻牢记。

第一节　树立现代服务理念

长期以来，人们普遍认为服务不创造价值。其实对于洗衣企业来说，在收、取洗涤衣物的过程中，不管自己是怎么想的，实际已将自己的服务劳动卖给了顾客。企业通过洗衣服务赢得利润，但盈利的前提是为消费者服好务，满足消费者的合理需求，以优质的服务赢得消费者的信赖，使消费者在享受服务时，感到应该支付这笔费用。

作为以洗染为主要服务内容的企业，在洗衣全过程及各个环节中，都应尽最大可能满足消费者的需求，达到稳定老顾客、扩大新顾客的目的。消费者满意不仅包含服务质量的因素，还包括对超值服务和品牌服务的更高追求。只有使消费者持续感到满意，洗衣店才能成为成功的洗衣店。

1. 优质的服务能够起到的作用

（1）良好的服务对企业的盈利有着积极的影响作用。

（2）优良的服务，能够帮助企业吸引更多的消费者，提高市场份额、市场声誉和收益等。

（3）良好的服务能留住现有顾客，培养更多的忠诚顾客，带来较多的利润。

2. 优质的服务要具备的要素

（1）优质的服务必须是诚心诚意的。营业员为消费者提供服务时，必须真正付出感情。

（2）优质的服务一方面要从实际出发，且要符合法律法规；另一方面服务应是适度的。任何服务都是有成本的，成本过高或过低都无助于维护企业长期的利益。

（3）为消费者提供服务，必须保持连续性和一致性，不能对这个顾客好了、那个差了，也不能今天好了、明天差了，更不能这次好了、下次差了。

我们经常讲超值服务，超值服务就是向消费者提供超越其心理期待（期望值）的、超越常规的服务。超值服务要求企业对消费者至少实现七个方面之一或更多的超越，这包括：超越消费者的心理期待、超越常规、超越产品的价值、超越时间界限、超越内外界限、超越部门界限、超越经济界限。超值服务不仅是评价服务质量的重要指标，而且是改进服务的重要手段。

3. 服务工作要遵从的服务规范

服务规范是企业对服务范围、服务程序、服务技巧、服务礼仪等内容提出的基本要求。

（1）服务范围包括为消费者提供什么服务。企业为消费者提供的服务是有一定范围的，在这个范围以内，企业有能力提供满足要求的服务项目，每一个营业员都必须明确这个范围。否则就会出现有能力提供的服务项目不去提供，而没有能力提供的服务项目又随意承诺等现象。这些现象都会引起消费者的抱怨或不满。

（2）服务程序包括怎样为消费者提供服务。企业是按照一定的程序向消费者提供服务的，这个程序涉及每一个营业员的职责和权限。而每一个营业员的职责和权限又与服务目标相联系，因此，每一个营业员都应当明确自己的职责与权限，否则，为消费者提供优质服务的目标就无法贯彻落实。

（3）服务技巧包括怎样识别和确定消费者的要求。不管营业员的职责有什么不同，识别和确定消费者的要求以及与消费者的沟通，是所有营业员的共同职责。而识别和确定消费者的要求以及与消费者的沟通，是需要一定技巧的。因此，每一个营业员，都应当掌握识别和确定消费者的要求以及与消费者沟通的技巧，否则，就无法承担相应的职责。

（4）服务礼仪包括怎样与消费者建立良好的人际关系。营业员识别和确定消费者的要求以及与消费者沟通的过程，就是与消费者直接接触的过程。而建立和谐的人际关系则需要遵从一定的礼仪。因此，每一个营业员，都应当掌握建立和谐的人际关系所必须遵循的礼仪，否则，为消费者提供服务的过程就无法正常进行。

第二节　接待常识

接待好每一位消费者，是使企业长盛不衰的根本保证。洗染行业主要面对的基本上有两种顾客，一种是洗衣店每天接触的、洗涤随身穿戴的衣物与家用针纺织品的个体消费者；另一种是宾馆、饭店、酒家以及机关团体、企事业单位公安、医院、院校、铁路、邮政、矿山等，洗涤所穿用的工服与所用针纺织品的团体消费者。

接待集团消费的洗衣厂，主要取决于企业的公关能力、洗涤质量、服务价格及服务质量等因素，由于相对简单，出现问题也比较好解决，在这里就不多讲了。

接待个体消费者的洗衣厂，是面对全社会，什么样的人和事都可能遇到，在这里也不可能说全，只能自我把握，首先提高自己的个人素质，提高个人服务能力，真情为消费者服务，让讲理的消费者有到家的感觉，使不讲理的人无空可钻。

1. 营业员服务标准

（1）礼貌、热情接待顾客。

（2）认真地检查好送洗衣物的每一个部位。

（3）认真识别洗涤标志。

（4）把所检验过的衣物与标志对比后，尽自己所能将自己所作出的洗涤结果判断明确告知消费者。

（5）把检查结果清楚、完整地记录在取衣单上，并得到顾客的确认。

（6）一旦出现衣物丢失或有质量瑕疵应积极面对，绝不能推托搪塞，主动地告知消费者，并提出相对合理的解决方案。

（7）遇到不讲理甚至蛮横的顾客，不要慌张、不知所措，要表明自己的立场，以德服人。

2. 礼貌用语

在接待工作中，礼貌的服务用语和热情的服务态度，是企业生存的根本保证。学好使用好礼貌用语，用真情为消费者服务，是我们每一个从业人员所应具备的基本素质。掌握并体现礼仪风范，是礼貌的最好体现。

礼貌，我们一般认为应该是在服务过程中应具有的相互尊重、友善和得体的气度与风范，通过语言与动作向对方的友善示意。其中礼貌用语主要包括以下几个方面。

（1）迎送类。您好、您早、早晨好、请稍等、请多关照、请教一下、请问、请坐、您贵姓、别客气、晚上好、请您走好、再见、请、谢谢、晚安、请您慢走。

（2）交流类。我能为您做点什么？请您再重复一遍好吗？您有别的事情吗？这会儿打扰您吗？请您讲慢一点。您有什么事情？这是我应该做的。谢谢您的好意。我马上去办。非常感谢。我明白了。好的。是的。您需要我帮助吗？

（3）道歉类。实在对不起、这是我的过错、打扰您了、非常抱歉、刚才的话请您谅解、真不好意思、让您受委屈了、麻烦您了、对不起、请原谅。

一般情况下我们要求员工在迎送顾客时要做到七声，这七声为：顾客到店有欢迎声；见到顾客有称呼问候声；打扰顾客有道歉声；得到顾客服务认可有道谢声；遇到顾客询问有应答声；接受顾客要求有重复、肯定声；顾客离开店时有道别声。

3.接待礼仪

礼仪方面主要是为了表示对对方的重视、尊重、敬意所举行的合乎礼貌、礼节要求的仪式。

礼仪的原则用 16 个字来概括：遵守、自律、敬人、宽容、平等、从俗、真诚、适度。

礼仪修养的基本准则如下。

（1）良好的服务态度体现在认真负责、积极主动、热情耐心、细致周到上。

（2）接电话应该做到以下几点。

①电话铃响，应立即去接，一般铃响不应超过三次。

②致以简单问候，如"您好"等，语气柔和亲切。

③自报部门名称或个人名称。

④认真倾听对方的电话事由，如需传呼他人，应请对方稍候，然后轻轻放下电话，去传呼他人。

⑤如果对方是通知或询问洗衣事宜，应按对方要求逐条记录，并复述或回答给对方听。记录或问清对方通知或留言的事由、时间、地点和姓名并对对方打来电话表示感谢。

⑥使用再见语，等对方放下电话后，自己再轻轻放下电话。

（3）打电话应该做到以下几点。

①预先将电话内容整理好，避免临时回忆浪费时间或遗漏，确认电话号码，拨通电话。

②待对方拿起电话，简单问候后，以同样的问候语回复对方，然后作自我介绍。

③使用敬语，说明要找的通话人的姓名或委托对方传呼要找的人。

④按照事先准备逐条简述电话内容，确认对方是否明白或是否记录清楚并致谢。

⑤使用再见语，等对方放下电话后，自己再轻轻放下电话。

（4）柜台站姿。前台人员采用正确的站立姿势，会使人看起来稳重、大方、俊美、挺拔。

① 标准站姿如下。

脖颈挺直，双目平视前方，两肩放松，气下沉，自然呼吸。

两臂放松，自然下垂于体侧，虎口向前，手指自然弯曲。

脊椎、后背挺直，挺胸收腹肌，臀大肌微收缩并向上提，臀、腹部前后相夹，两腿并拢立直，髋部上提。

两脚跟相靠，脚尖分开45°左右，身体重心在脚掌脚弓上。

② 常见几种柜台自然站姿如下。

垂手式，基本同于标准站姿。

握手式，两手在腹前部交叠，右手在前、左手在后，女同志的脚后跟并拢，脚尖分开呈 45°～60°。男同志的脚要分开，距离略同肩宽。

背手式，两手背后交叉，左手在外，右手在内。脚的姿势同握手式。

③ 应避免的站姿：缩脖、歪头、斜肩、弓背、挺腹、撅臀、屈腿；叉腰、两手抱胸或手入衣袋；身体倚靠物体站立；身体晃动或脚抖动等。

第三节　正确填写洗衣单

在接待工作中，填写洗衣单是一件非常重要的工作。洗衣单虽然不大，内容也不算多，但却是非常重要的法律依据，正确地填写洗衣单，是保护企业合法权益，以及公正对待消费者的一项至关重要的工作。

填写时一定要注意以下几点。

（1）必须把被洗衣物检查到位以后再填写。

（2）不能丢项，没有的项目划斜杠表示没有，位置也要标好。

（3）请对方确认后签字，不管是多熟悉的顾客也必须做到这一点。

下面我们将北京市工商行政管理局及北京市商务局联合制定的《北京市洗染行业示范合同文本》作为实例，供大家参考。

北京市洗染服务凭单　流水编号：

经营者：　　　　　　地址：　　　　　　电话：

顾　客：　　　　　　电话：

收件时间：　年　月　日　　　　　　　取件时间：　年　月　日

衣物名称	类　别			颜色	数量	瑕疵	可能产生不良效果	议定保值单价	洗染单价	备注
	干	水	其他							

合计金额　大写：　仟　佰　拾　元　角　分　￥

衣物瑕疵提示：1.起褶　2.污渍　3.色花、泛黄　4.起球、泡　5.破损　6.烫痕　7.极光　8.脱、并丝　9.蛀洞　10.霉斑　11.少、倒绒　12.缩水　13.缺纽扣　14.脱胶　15.其他

皮衣瑕疵：1.硬挺　2.微裂　3.开胶　4.开线　5.磨损　6.缺件　7.硬伤　8.其他

洗涤效果：1.褪色　2.发硬　3.发亮　4.缩水　5.颜色发暗　6.不净　7.发花　8.脱胶　9.其他

请在仔细阅读《凭单》背面的《通用条款》后，再对本单所填写内容予以确认、签字。

顾客签字：　　　　　　　　　　开票人：

通用条款

1.顾客送衣物时应如实告知衣物的有关情况；经营者应按规定检查衣物，如实告知可能产生的不良洗涤效果。《凭单》填写不清楚、不完整而引发的责任，由经营者承担。

2.顾客对价值超过2000元的高档衣物可要求"保价清洗（染）"，并按照双方议定的保价标准支付保价清洗（染）费。

3.经营者提供的服务应达到《北京市洗染业服务质量标准》规定的要求，或达到顾客在《凭单》中提出的特殊要求。

4. 取衣物时，顾客应当场检验洗染质量，如有问题双方确认解决。如取衣凭证丢失，顾客须持本人有效证件办理挂失手续。

5. 洗染未达到质量要求的，或造成衣物损坏、丢失的，经营者应依据《北京市洗染行业经营管理规范》的规定执行。折价赔偿时，顾客应提供真实、有效的购物票据。不能提供购物票据的，应以该衣物出现问题时的实际购置价（包括打折、返券等因素）为参考估价赔偿，或咨询厂商后解决。对衣物上无法取下的附件、饰品，双方应事先约定赔偿金额。

6. 因洗染欺诈行为造成衣物损失的，经营者除按《北京市洗染行业经营管理规范》赔偿外，还应按照《中华人民共和国消费者权益保护法》的规定支付洗染服务费用一倍的赔偿金。

7. 自取件之日起，顾客超过 60 日不取衣物的，洗染店每日按洗染费用的 5% 加收保管费；超过取件日未洗（染）完的，洗染店每日应按洗染费用的 5% 向顾客支付延时费，顾客也有权解除合同。

8. 本合同项下发生的争议，双方应协商解决或向有关部门申请调解解决；协商或调解不成的，可依法向有管辖权的人民法院起诉或按照另行达成的仲裁协议向仲裁机构申请仲裁。（北京市消费者投诉电话：12315）

9. "保价精（清）洗（染）"等未尽事宜应在"备注"栏中注明。

取衣凭证：顾客签字：　　　　（此条由经营者撕下保存，作为衣物已取走凭证）

第四节　服务程序

开洗衣店一定要了解服务程序，这一程序既不能颠倒也不能省略，更不能敷衍了事。现在出现的纠纷，有很多都是因为这一环节没把好关造成的。本节将重点讲述营业员的服务程序。

营业员的服务程序并不复杂，但要求严格执行。

首先业务员应以礼貌的语言和正确的站姿迎接顾客，让顾客马上就对洗衣店有一个舒心、放心的感觉。

① 一面与顾客交流一面认真地检查衣物的每一个细节，对个别污渍应问明污渍的种类，以避免清洗时用错方法或去渍材料。

② 现在衣物的面料千奇百怪，很多衣物标识又不规范，因此一定要把预后向顾客交代清楚，顾客不能理解的，宁可不接也不要勉强留下，否则就为后患留下祸根。

③ 把检查到的问题及预后情况一字不落地写在票据上，并要求顾客核对清楚后签字。

这一句话是三个环节，哪一个也不能少。首先票据要写清楚，一定不能偷懒，也不能碍于情面，要一个字不差地写出来，今后一旦有纠纷，这就是你最好的律师；其次一定要消费者把写的东西看清楚，如果对方不看也要强调要求对方看明白，然后要求顾客签字表示认可；最后把写全并有顾客签名的洗衣票据交给顾客并嘱咐收好。

④ 收取洗衣费。

⑤ 礼貌地送走顾客，一定要注意，不管是送洗一件衣物还是一堆衣物、不管是穿着时尚的还是非常破旧的、不管是老主顾还是新客人、不管是送洗的衣物特别脏的还是相对比较干净的，我们都要一视同仁。营业员最忌讳的就是戴着有色眼镜看人，有时我们丢失了一些潜在的顾客，就是因为我们的业务人员不能够一视同仁。

⑥ 衣物收取之后，要把在收取衣物时所了解到的信息，完整地告知操作人员，一些特殊问题要重点提示，最好有文字说明。

⑦ 清洗干净的衣物要由营业员交付消费者，在交付之前营业员首先是一位质检员，不能把洗涤不合格的衣物交给顾客。只有通过验收的衣物才能收下，等待顾客取走。

⑧ 衣物在交付顾客时，应把衣物全面展开，让顾客验收后，再叠好放入袋里，双手交到顾客手中，礼貌地送走顾客。这样也避免了当时没有检查而找后账情况的发生。

当顾客有疑问时一定要耐心讲解，即使旁边有顾客在等，也要把每一位顾客服务到位，否则也许损失的不是洗一件两件衣物的收入。

当被洗衣物出现瑕疵时，更需要营业员给消费者进行耐心解释，并主动承担责任，提出合理的解决方案，一般情况下都可以得到妥善解决。对于特别不讲理的消费者，也不要与之争吵，除了耐心地讲理以外，还可以寻求法律途径解决问题。

第五节　应该注意的几个问题

以上所提到的都是我们在开洗衣店时必须要做的和需要准备做的，在组建洗衣店时，还有以下几个经常遇到的问题是需要特别注意的。

最主要的是企业与消费者之间信息相互不通畅。消费者对洗染行业可以说根本就不了解，也无从了解，由于对洗染行业的不了解，自然就出现了不少误会。

首先，就是消费者本能地认为什么样的污渍都能去掉，衣物只要拿到洗染店，就希望取回来时跟刚买回来时差不多，其实这是不可能的。一方面衣物穿用一次就要比前次的成色差一些。另一方面实际上有很多污渍都是去不掉的，尤其是在家里已经自己处理过但没去掉的，再拿到洗染店去洗就更难处理了，因为在家处理时很可能处理的方法与要求正好相反，将本来可以洗掉的污渍却牢牢地固定住了，根本无法处理了。这些问题，我们经过学习和实践了解起来不是很难，但是让每一个消费者都知道，却不是一蹴而就的事，因此，就要求业务人员，要不厌其烦地向每一位消费者讲清这个道理，并得到他们的理解。

其次，有些消费者认为干洗比水洗好，尤其很多不规范的服装生产企业，为了标榜自己的服装高档，都标注了只准干洗，其实这是对洗衣不了解造成的。我们都知道干洗、水洗是各有千秋的，是具有不同功能、用不同洗涤介质清洗的两种洗涤方式。由于被洗衣物的面料及组合成分不同，所需要的洗涤方式也就不同。当消费者要求我们使用不该使用的方法对衣物进行洗涤时，我们应该把问题给消费者解释清楚，以避免出现不愉快。

再有，就是消费者认识问题。一旦衣物的洗涤结果不够理想，个别消费者往往不能冷静面对。衣物经过穿着之后，每个人的个人特征，生活习惯，工作环境，穿用时间，保存方法、时间、地点、环境，曾经洗涤次数、方式、温度、洗涤剂成分，被洗衣物材质、组合成分、缝制方式、结合与搭配材料等，各方面的因素都可影响洗衣效果。而有很多因素是隐性的，很有可能在衣物交洗前是发现不了的。再加上有些服装制造企业不了解洗涤技术，却随便标注洗涤标识，使洗衣企业苦不堪言，只要按标识一洗就出问题，而消费者却不管这些，只要被洗衣物出现问题，就要洗衣企业全额赔偿。从现象上来讲，消费者没有什么不对的，衣物送洗时是完好的，取时却有了问题，放在谁身上都不大好接受，尤其有些企业的业务人员基本素质比较低，在工作时责任心不强，没有把问题及时地发现并提出来，或者在接收特殊材质或特别问题衣物时，没能将洗涤预期结果告知消费者，出现问题后又不能很好地说明问题，导致问题扩大化或矛盾激化，使本来能说明白的问题或可以协商解决的问题形成投诉，以致诉讼。在这方面的有效解决途径，就是企业要练好"内功"，自己过硬不出问题，包括练就一对火眼金睛，能够识别错误标识和一些隐性问题，并及时提示消费者，减少纠纷的出现。

目前洗染行业没有准入门槛，导致事故发生层出不穷；另外，现在90%以上的从业人员没有经过正规培训，这也是事故发生的隐患，在没有出现事故的时候很多企业想不到培训，赔偿完了以后认为自己有了经验，也不用再学习了，在这种错误思想的指导下，学习积极性不高，技术水平也就无法提高，导致同样的问题反复发生。在这方面老板一定要提高认识，要大度，不要害怕投资培训后员工的流失。

另外，有些小型洗衣店，他们选用的是低档石油溶剂洗衣设备，却自己标榜为"绿色干洗"，而且档次越低鼓吹得越卖力。这种做法不仅损害了消费者的合法权益，也为洗衣业的信誉抹上了污点。

何为绿色？虽然目前还没有公认的权威定义，不过就一般意义上讲，绿色产品应有利于保护生态环境，不产生环境污染或污染较小，对人类生存无害或危害甚微，资源利用率高，能源消耗低。

但是，令人遗憾的是，那些标榜为"绿色干洗"的半封闭式四氯乙烯干洗机和档次极低的开启式石油溶剂设备，却是典型的污染一族和环境杀手。

四氯乙烯的低毒性和对环境的污染是人所共知的。当四氯乙烯浓度大于600毫克/千克时，人们会闻到非常不适的气味，并感到眼睛有较强的刺激。如果长期待在这种环境下，人会产生眩晕和麻木的感觉。当浓度大于1000毫克/千克时，不仅人的眼睛和呼吸道会受到强烈刺激，还可能在半小时内异常眩晕。如果人待在浓度大于1500毫克/千克的环境中，少则几分钟、多则半小时就会失去知觉。不仅如此，尽管四氯乙烯尚无破坏大气臭氧层之嫌，但低档干洗机渗漏的四氯乙烯会渗入地下，不仅降解时间长，而且由于其密度大，还会快速向地下渗透，造成对地下水的污染。

至于小型干洗店采用的低档石油溶剂干洗机，实际上是一种开启式的干洗机。由于大多采用闪点较低的石油溶剂（D40或D60，燃点在40~60℃），不仅存在着潜在的易燃易爆的缺点，还在干洗过程中向空气中排放大量石油废气。此外，低档的石油干洗和四氯乙烯干洗相比，不仅洗净度低，而且溶剂消耗量高。故此，某些人片面地把石油溶剂干洗称作绿色干洗而广泛宣传也是很不科学的。

当然这些问题靠一家企业、一个门店是解决不了的，需要企业和社会的共同关注和努力。

第六节　正确处理洗染当中出现的争议

近年来洗染行业发展得相当迅速。随着人民生活水平的不断提高，到洗染店去接受洗衣服务的洗衣族队伍在迅速扩大。洗衣服务质量的争议问题，已从个别问题上升为社会问题。经过几年来的不懈努力，虽然北京地区的投诉率在不断下降，但由于洗涤量的快速增长，投诉量还在不断攀升。如何正确处理好洗衣服务当中出现的争议问题，就愈发凸显。

洗衣出现洗涤质量问题，客观来讲应当属于正常现象。但是只要问题一出，就关系到当事人的直接利益。虽然据统计目前的事故率大约只是在0.05%，但不管这0.05%落在谁的头上，却是不打折扣的100%。这也就不难理解，为什么争议如此之多，有时还很激烈。

解决争议的最佳手段，就是要从源头抓起，解决如何出事故的问题。谁也不愿意问题出在自己手里，但是不出问题是要有条件的，而恰恰问题就出现在这里：我们自己具备多少不出问题的条件呢？

最突出的常见问题是从业人员的素质问题，由于近年来洗染行业发展较快，不少企业为了尽快开业，招聘了未经培训的职工直接上岗，出现事故也就不难理解了。虽然各大加盟连锁企业为了保证自己的品牌，在新开连锁店之前都进行了严格的培训，但是由于被培训人员太少，这些经过培训的员工非常抢手，容易被别的企业挖走或另立门户，而空出来的岗位补充进来的人却是一张白纸，所以即使是正规连锁企业的加盟店，也可能出现问题。要想彻底解决这一问题，就是要做到没经过培训的员工不准上岗，防患于未然，弥补可能产生事故的漏洞；加强岗上练兵，不断提高在职人员的工作技能，从根本上铲除事故根源。

即使这样，出现问题也是正常的事，但不等于出现问题就一定形成纠纷，解决问题有多种途径，我们不仅应该有出色的洗衣技术，同时还应具备良好的职业道德与有效解决问题的能力，以弥补我们可能的技能方面的不足。

知己知彼方能百战百胜，我们通常认为知彼难，其实知己更难。通常我们都过高估计自己，比如见到一件没见过的材料的衣物，我们哪怕是问一问消费者，或是向周围的人请教一下，都可以使我们能较多地去了解我们的服务对象，以决定是否可以为对方服务，自己没有把握的衣物就不要轻易地去接手，以免造成不必要的问题或损失。但是现在有些营业员，为了点滴小利，经常接收一些超出我们能力范围的工作，结果什么样的问题都有可能产生。

有问题是正常现象，没有问题才是非正常现象。我们每天面对各种各样的数以万计的衣物，即使技术再出色，出些小的瑕疵也在所难免，问题是我们如何面对。如果我们把每一件衣物都看作是自己的衣物，可能就不会出现争议了。而事情恐怕恰恰相反，大多数当事者总想把问题大事化小，小事化了。当然这是被动者解决问题的原则，但正是这种想法误导了我们，由于一味地想把事情压下来，就会不择手段地推托，结果是惹怒了消费者，形成投诉。解决这类问题最有效的手段是直面现实，大多数消费者都是通情达理的，讲清事故的原因，诚恳地向消费者表示歉意，积极地寻找补救措施，公平地提出解决问题的办法，相信绝大部分问题会得到较好的解决。解决不了的，通常都属于非正常问题：

一是洗衣店不讲理。洗坏顾客的衣物死活不认账，即使打到法院输了官司也以没钱了事，消费者有气难消，唯一的办法就是今后提高警惕，到正规的洗衣企业去接受服务，避免类似的事情发生。这种事极少，因为洗衣店一般不会这样做，原因很简单，谁也不愿意由于一个失误失掉忠实顾客，一般情况都能妥善解决，但就是那些极少数不规范的店，毁了我们的声誉。

二是消费者不讲理。朋友送的衣物款式自己不喜欢，自己的衣物买后发现并不适合，特殊场合一次性穿用后留下没有什么意义了，穿了很长时间不愿意再穿了等，借着洗衣出现的瑕疵，非要全赔不可，这些消费者通常不接受调解机构的合理调解，在门店大闹或纠缠不休，使洗染企业不得安宁或无法正常运作，迫使洗染企业满足其无理要求。遭遇到这样的消费者确实不太好办，除去上面所提到的自律及加强练兵少出事故以外，只有再强调一遍，就是加强把关，首先是认真检查，其次是把票据写全，再有就是没有把握的活绝不能收，特殊性的衣物（例如婚纱等）不要去接，防患于未然，使自己在守法经营、诚信服务的前提下，站在相对主动的位置。

以上提到的问题，不一定谁都能遇到，也不可能经常遇到，但愿我们都遇不到，妥善解决是为了使我们的洗染企业及顾客都少受损失，做到双方都满意。

第七章 财务管理基本常识

成本核算与资金管理及税务基本知识，是开好一家企业必须掌握的基本常识，不懂得成本核算和资金管理的老板不可能成为一个出色的企业家；不掌握纳税知识就有可能漏税或交了冤枉税。即使由于机遇暂时赚了钱，但不可能长久，因为经营管理是一门科学，不可能总凭机遇去赚钱，学好财务管理基本常识是长久经营的根本保证。

第一节　成本核算

成本核算分为固定成本与活动成本两大部分。

固定成本包括：房租（即使是自己的房子也应该进行折旧，计算在内）、设备与交通工具折旧、人员基本工资、员工保险、员工劳保、行政事业费、日常照明用电费、生活用水费、日常办公费用等。

这部分开支不管你是否生产、有没有收入，每天都必须开支，因此最大限度地压缩固定成本是节省开支的唯一出路。而压缩固定成本绝非易事，前边六项基本不用考虑，后边几项如果原来就比较节省就没有什么余地了，所以增收才是关键。

活动成本包括：生产用水、电、气，原材料开支，提成工资，运输费用，公关费用，收入税费，差旅费，以及其他开支。

固定成本是刚性的，不管是否营业、生产，费用照常发生，因此在成本核算时，第一不能忽略此项成本，第二此项费用所占成本比例越小越好。

当前有些利用自己的居室、自己亲自操作的夫妻店洗衣价格极低，有很多店就是忽略了房租及劳动力成本，只要洗衣收费与所支出水电等直接费用相比有剩余就算赚钱了，这种计算方法不仅扰乱了洗衣市场的正常经营，其实对自己也不利，辛勤的劳动换回了低微的收入，丢掉了自己应得的利益。而这种低利润运作是不可能长久的，因为它不可能长时间维持，一方面是因为高强度劳动换取的低收入不可能维持正常运转，另一方面一旦发生质量纠纷，将无力承担，因此，现在不规范的小店关闭的比开张的多。

由于固定成本不可变动或降低，因此此项成本在开店之前必须认真核算，以避免开店后入不敷出。

要想降低固定成本的比例，唯一的方法就是增加营业收入，营业收入越高，固定成本摊销到每一单体的成本就越低；反之就越高。当营业收入等于固定成本加活动成本时就没有了利润，所以千方百计地增加营业收入是每个企业的必修课。有不少企业经常在做不赚钱的生产，其实就是为了降低固定成本，因为企业不生产，固定成本的摊销也不会停止，此单生意虽然不赚钱，但减少了固定成本的损失，总的算账还是合算的。

当固定成本加活动成本等于营业收入时，企业处于盈亏临界点，营业收入高于临界点时就会盈利，反之就会赔钱，这是在未开店之前必须核算清楚的必要因素。要想获得利益最大化，就必须千方百计增加营业收入。

活动成本主要在于精打细算、避免浪费，由于活动成本只有在发生生产活动后才会发生，而生产活动发生后必然会带来剩余价值，所以活动成本额度越高，效益应越高。当然额度高没有问题，但是太高就不行了，说明在定价策略上出现了问题。

超过临界点之后，固定成本肯定要随着营业收入的不断增加而降低比例，此时活动成本如果能够降低，就是锦上添花的事了。前面讲到了，活动成本是指只有在进行生产时才会发生的直接费用，而此部分开支，由于已经赚了钱而往往容易被忽视，经常造成白忙一场的局面。主要原因就是工作量大了，粗算一下有钱赚了，就忽视了精打细算，不该开支的开支了，导致本该获得的利润付诸东流，或收入不够理想。

第二节　资金管理

资金管理至关重要，不少企业账面上虽然盈利但却破产了，很多人认为不可思议，其实只要认真分析一下就明白了，这是因为资金链发生了问题，不能支持企业正常经营开支，使企业无法继续经营下去而举步维艰，甚至破产。

理论上讲，赚钱了就应该有钱，事实上会有很大差距，在经营当中，没有应收、应付款是不可能的，而当应收款占到了相当的比例时，稍有意外，就有可能影响到资金链的正常运转，导致资金不能周转而停产。所以控制好应收款的比例，是每一个企业必须遵循的基本原则。

有应收款就有可能出现损失，一方面是诚信的缺失，有些企业或个人从接受服务的开始就没打算买单，当按约定需要支付酬劳时，就会找出种种借口拒绝支付。这种人虽然比例极小，但是当遇到时，却是百分之百的损失。其他方面的原因就种种多样了，例如：对方破产了、对方法定代表人调整不承认前任的债务或无期限地核实、经营不善无偿付能力、突遇天灾人祸无力偿还、票据遗失或联系人失踪、合同签订不严谨被对方钻了空子等，只要遇上其中的一条就让人焦头烂额。所以严格控制应收款的额度，是资金管理的首要问题，每笔交易前除去技术方面的论证之外，更应考虑还款问题，如果没有回款把握，或者风险过大，那就宁可不做。

为了避免不必要的损失，应制定比较完备的财务手续，坚持按制度办事，尽量把风险降低到最低程度。最有效的手段之一即不发生应收款，一般情况下零散顾客都是先收款，这是最理想的，但是问题也可能就出在这里，来的消费者几乎都是熟人，由于对方忘记带钱或其他原因就放弃了原则，随便地承诺取时再付，但因为习惯于先收，取时有可能忘记付款，想起时对方不再承认，造成收入流失，或者取衣时找种种借口不支付费用形成损失。再有就是为团体服务，一般都是后结账，这是最可怕的，只要压下一笔，对方就有了资本，不接着服务就不给结账，结果越压越多，直到压垮为止。遇到这种情况，要及时收手，首先在签订合同时就不能将条件放得太宽，绝不允许压若干笔再开始结账，而且只要一笔不按合同履行就马上中止服务，并及时履行法律程序，不要存有任何幻想。这样即使这笔损失了也不会太大。有很多企业就是舍不得某一家客户，结果越陷越深，最后即使官司打赢了，也可能赢了官司丢了钱。

在财务管理上，一方面要坚持原则，绝不能碍于情面或一时偷懒，为日后埋下祸根；另一方面要随时保存好各方面资料，以备不时之需。虽然没有任何人愿意出现不愉快，但是问题却是随时随地出现的，因此必须常备不懈，随时准备应对可能出现的矛盾，到问题上升到非法院解决不可的时候，证据就成为了制胜的法宝。

第三节　税务基本知识

根据财政部、国家税务总局发布的《关于全面推开营业税改征增值税试点的通知》（财税〔2016〕36号），自2016年5月1日起将缴纳营业税改为征收增值税。

纳税人仍然分为一般纳税人及小规模纳税人。应税行为的年应征增值税销售额超过财政部和国家税务总局规定标准的纳税人为一般纳税人，未超过规定标准的纳税人为小规模纳税人。

增值税计税方法包括一般计税方法和简易计税方法两种，一般纳税人发生应税行为适用一般计税方法，小规模纳税人发生应税行为适用简易计税方法。自2019年1月1日起，对增值税小规模纳税人，月销售额未达到10万元的企业或非企业性单位，免征增值税。附加税是按照增值税来计算的，当小规模纳税人季度销售额低于30万元，除了可以免征增值税，还可以免征附加税（包括城建税、教育附加费、地方教育费附加）。企业所得税没有一般纳税人和小规模纳税人的概念，只有查账征收和核定征收的方式。

税收是国家关注的重点，决不可以掉以轻心，各地方政策亦有侧重，各位朋友可在当地详细咨询，在这里就不赘述了。

第四节　财务小常识

前三节都是在讲述财务管理方面的问题，掌握不好会影响到企业生存发展大计，因此必须掌握。本节介绍一些财务小知识，为您提高管理水平创造些方便。

财务报表应该会看，现在要求上报的主要有资产负债表、利润表（原称损益表）、现金流量表三个报表，其他的要求材料都是从这三个报表转化出来的，因此学会看这三个报表，就基本上能够从报表中了解企业的财务现状了。

资产负债表反映某一会计期末（月末、季末、年末）企业控制的全部资产、承担的债务和投资人要求的权益，是反映企业财务状况的主要报表。其中资产类：企业应当严格按照国家有关现金管理的规定收支现金并核算现金的各项收支业务；严格按照国家有关支付结算办法，正确地进行银行存款收支业务的结算，并核算银行存款的各项收支业务；管理者应及时掌握企业货币资金现有状况，以及存货、固定资产、累计折旧、应收账款、预付账款、无形资产等企业的资产状况，做到心中有数。负债类：主要是企业向银行或其他金融机构借入的借款，以及应付票据、应付账款、应缴税金、预提费用等。只有掌握了企业的各项财务指标，对企业的自有资金合理使用，根据经营状况调整资金分配使用，才能达到最佳效果。企业的资产大于负债才能说明企业的经营是盈利的。通过此表可以了解公司当前整体资产状况，并可预判公司发展前景，经营者可以比较全面了解企业目前的整体状况，制定下一步的运行方案。监管者可以及时对下属企业实施调整措施。资产负债表见表7-1。

表7-1　资产负债表

编制单位：　　　　　　　　　　　　　　　　　　　　　　　　　单位/元

项目	注释	本期金额	上年金额
流动资产：			
货币资金			

续表

项目	注释	本期金额	上年金额
交易性金融资产			
衍生金融资产			
应收票据及应收账款			
预付款项			
其他应收款			
存货			
持有待售资产			
一年内到期的非流动资产			
其他流动资产			
流动资产合计			
非流动资产：			
长期应收款			
长期股权投资			
投资性房地产			
固定资产			
在建工程			
生产性生物资产			
油气资产			
无形资产			
开发支出			
商誉			
长期待摊费用			
递延所得税资产			
其他非流动资产			
非流动资产合计			
资产总计			
流动负债：			
短期借款			
交易性金融负债			

续表

项目	注释	本期金额	上年金额
衍生金融负债			
应付票据及应付账款			
预收款项			
应付职工薪酬			
应交税费			
其他应付款			
持有待售负债			
一年内到期的非流动负债			
其他流动负债			
流动负债合计			
非流动负债：			
长期借款			
应付债券			
长期应付款			
长期应付职工薪酬			
预计负债			
递延收益			
递延所得税负债			
其他非流动负债			
非流动负债合计			
负债合计			
所有者权益：			
实收资本			
其他权益工具			
资本公积			
减：库存股			
其他综合收益			
专项储备			
盈余公积			

续表

项目	注释	本期金额	上年金额
未分配利润			
归属于母公司所有者权益合计			
所有者权益合计			
负债和所有者权益总计			

单位负责人： 　　　　主管会计工作负责人： 　　　　会计机构负责人：

利润表（原称损益表）是反映企业某一会计期内（月份、季度、年度内）利润或亏损情况的报表。它是了解企业经营业绩，尤其是获利水平的主要报表，测算企业的经营收入、成本费用支出，以及由此计算出来的利润（或亏损）及利润分配情况。通过该表可以从整体上了解企业收入、成本和利润。利润表见表7-2。

表7-2 利润表

编制单位： 　　　　　　　　　　　　　　　　　　　　　　　　单位/元

项目	注释	本期金额	上年金额
一、营业总收入			
其中：营业收入			
二、营业总成本			
其中：营业成本			
税金及附加			
销售费用			
管理费用			
研发费用			
财务费用			
资产减值损失			
其他			
三、其他收益			
四、投资收益（损失以"—"号填列）			

项目	注释	本期金额	上年金额
五、净敞口套期收益（损失以"—"号填列）			
六、公允价值变动收益（损失以"—"号填列）			
七、资产处置收益（损失以"—"号填列）			
八、营业利润（亏损以"—"号填列）			
加：营业外收入			
减：营业外支出			
九、利润总额（亏损总额以"—"号填列）			
减：所得税费用			
十、净利润（净亏损以"—"号填列）			
（一）按所有权归属分类			
归属于母公司所有者的净利润			
少数股东损益			
（二）按经营持续性分类			
持续经营净利润			
终止经营净利润			
十一、其他综合收益的税后净额			
归属于母公司所有者的其他综合收益的税后净额			
（一）不能重分类进损益的其他综合收益			
1. 重新计量设定受益计划变动额			
2. 权益法下不能转损益的其他综合收益			
3. 其他权益工具投资公允价值变动			
4. 企业自身信用风险公允价值变动			
5. 其他			
（二）将重分类进损益的其他综合收益			
1. 权益法下可转损益的其他综合收益			
2. 其他债权投资公允价值变动			
3. 可供出售金融资产公允价值变动损益			
4. 金融资产重分类计入其他综合收益的金额			
5. 持有至到期投资重分类为可供出售金融资产损益			

续表

项目	注释	本期金额	上年金额
6. 其他债权投资信用减值准备			
7. 现金流量套期储备（现金流量套期损益的有效部分）			
8. 外币财务报表折算差额			
9. 其他			
归属于少数股东的其他综合收益的税后净额			
十二、综合收益总额			

单位负责人：　　　　主管会计工作负责人：　　　　会计机构负责人：

现金流量表反映企业在某一会计期间内现金和现金等价物流入和流出的信息，以便于管理者了解和评价企业获取现金和现金等价物的能力，并据以预测企业未来的现金流量。现金流量信息能够表明企业经营状况是否良好，资金是否紧缺，以及企业偿付能力的大小，从而为投资者、债权人、企业管理者提供非常有用的信息。据此可以掌握报告期内有多少资金可供经营使用，从哪里取得、用于何处，以及期初和期末相比增减变动的情况。这些信息可以显示企业的经营方针、理财水平和资金流转情况。现金流量表是非常重要的一份报表，有些企业虽然盈利却破产了，就是因为资金链断裂而无法正常运转导致破产的，因此时刻关心现金流量是企业负责人的必要工作之一。经营一个企业，不仅需要学会经营，还要懂得用钱赚钱，即学会投资，把死钱变成活钱。现金流量表见表7-3。

表7-3　现金流量表

编制单位：　　　　　　　　　　　　　　　　　　　　　单位：元

项目	注释	本期金额	上年金额
一、经营活动产生的现金流量：			
销售商品、提供劳务收到的现金			
收到的税费返还			
收到其他与经营活动有关的现金			
经营活动现金流入小计			
购买商品、接受劳务支付的现金			

续表

项目	注释	本期金额	上年金额
支付给职工以及为职工支付的现金			
支付的各项税费			
支付其他与经营活动有关的现金			
经营活动现金流出小计			
经营活动产生的现金流量净额			
二、投资活动产生的现金流量：			
收回投资收到的现金			
取得投资收益收到的现金			
处置固定资产、无形资产和其他长期资产所收回的现金净额			
处置子公司及其他营业单位收回的现金净额			
收到其他与投资活动有关的现金			
投资活动现金流入小计			
购建固定资产、无形资产和其他长期资产所支付的现金			
投资支付的现金			
取得子公司及其他营业单位支付的现金净额			
支付其他与投资活动有关的现金			
投资活动现金流出小计			
投资活动产生的现金流量净额			
三、筹资活动产生的现金流量：			
吸收投资收到的现金			
其中：子公司吸收少数股东投资收到的现金			
取得借款收到的现金			
收到其他与筹资活动有关的现金			
筹资活动现金流入小计			
偿还债务支付的现金			
分配股利、利润或偿付利息支付的现金			
其中：子公司支付给少数股东的股利、利润			
支付其他与筹资活动有关的现金			

项目	注释	本期金额	上年金额
筹资活动现金流出小计			
筹资活动产生的现金流量净额			
四、汇率变动对现金及现金等价物的影响			
五、现金及现金等价物净增加额			
加：期初现金及现金等价物余额			
六、期末现金及现金等价物余额			

单位负责人：　　　　　主管会计工作负责人：　　　　　　会计机构负责人：

　　以上三个报表会看了，就能够全面了解本企业的时时财务状况，及时采取相应措施，保障企业正常运转。

第八章 洗涤常识

洗衣店的主要任务就是洗涤服装，否则就名不副实了，所以彻底了解洗衣的全面技术，是开洗衣店的基本要求。服装是人类的第二皮肤，服装除了有御寒、保护人体、防止侵害、美化装饰、体现着装者精神状态等作用外，还能体现一个时代的精神风貌。学好如何清洗衣物，是从业人员的主要业务课。

第一节 洗涤的基本知识

洗涤，是发生在织物上的污垢和洗涤液之间的一种复杂的相互作用的过程，通过机械或手工等物理条件下产生的机械力，在洗涤溶剂的作用下，使污渍脱离织物从而完成清洗工作。

由于被洗衣物的面料及组合成分不同，所需要的洗涤方式也就不同。客观地讲，只要技术水平跟得上，除极个别的面料以外，所有的衣物均能水洗。当然，随着科技的进步，发明了干洗溶剂和干洗设备，使一些水洗后比较难处理的问题简单化了，也使一些衣物由于干洗降低了对洗衣技术的要求，这是一个进步，但并不意味着干洗就一定比水洗好。

水洗，就是利用含有洗涤剂的水溶液，来实现对织物的洗涤。被洗涤织物由于洗涤剂的存在，在各种机械物理条件作用下，使污垢脱离织物悬浮在洗涤液中。经漂洗投水后，随排水一起除去，从而得到清洁的织物。

干洗，是利用有机溶剂来实现对织物的洗涤。被洗涤织物由于有机溶剂的存在，在各种机械物理条件作用下，使污垢脱离织物。

总之"干洗""水洗"就是一种概念上的区别，"水洗"比较好解释，就是用水加上洗涤剂进行清洗；而"干洗"也是要用洗涤介质清洗，只不过不是水。目前干洗所用介质大体有：液态的四氯乙烯、石油、氟利昂、二氧化碳等。其中，四氯乙烯、石油是主要洗涤剂，氟利昂由于破坏大气臭氧层现已被禁止使用，使用二氧化碳的机器比较先进，对衣物几乎没有损伤，但由于造价昂贵，目前国内使用着的只有一台，在这里就不多介绍了。

洗涤过程是一个可逆的过程。分散、悬浮在洗涤液中的污垢，也可能重新沉积在织物表面，所以选择清洗方法及清洗材料非常重要。

洗涤的过程不是一个一成不变的过程，由于织物的原材料不同、颜色不同、新旧程度不同、脏净程度不同、面料搭配不同等原因，所采取的洗涤方法和使用的洗涤剂都有差别。因此在洗涤时一定要根据服装面料等客观现实，采用不同的洗涤设备和洗涤材料，采取相适应的温度、时间进行合理的程序操作才能获得最佳效果。

除去正常的洗涤以外，当有个别污渍比较重的或有特殊污渍时，就不能按正常的洗涤程序去洗，需要进行必要的预处理，把特殊或重污渍去除之后，再进行正常洗涤，否则很难洗干净。

有些被洗衣物在洗涤前并不能发现其有难洗污渍，洗后才发现没有洗干净，由于已经经过洗涤，其污渍去除就有可能难于其洗涤之前，所以要格外注意，应请有经验的专家进行处理，以免越洗越脏。

第二节　洗涤常用材料

洗衣店对衣物进行洗涤的方式有两种，也就是干洗和水洗。大多数顾客认为干洗要比水洗好，其实这是一种误解。选择干洗还是水洗的关键是衣物的类型和衣物上污垢的种类。干洗和水洗所使用的原料也大不相同。

干洗使用的是干洗溶剂，而水洗使用的是水和各种洗涤剂与洗涤助剂。干洗所使用的原料相对简单一些，而水洗则会涉及较多的原料和药剂，除去主要溶剂之外还有多种助剂，作用功能相差也比较大。在这里对干洗、水洗材料作一下比较具体的介绍。

一、干洗溶剂

1. 四氯乙烯

在干洗溶剂中，四氯乙烯的去污能力较强，综合洗涤性能也较好，是应用较为广泛的干洗溶剂。

四氯乙烯的基本参数：分子式 C_2Cl_4；外观为无色透明液体；相对密度 1.62；沸点 124.2℃；KB 值 90。

其残渣对环境有影响，应解决好处理问题。

2. 碳氢溶剂（即石油干洗溶剂）

碳氢干洗溶剂应用范围广泛，具有性质温和、脱脂力低的优点，利于干洗过程中减少衣物掉色、渗色和搭色。许多娇柔服装、手绘图案服装以及各类皮革服装都更适合使用碳氢溶剂进行清洗。但碳氢溶剂干洗的洗净度较低。

碳氢溶剂基本参数：相对密度 0.74~0.80；成分组成为石油烃混合物；沸点 170~270℃；外观为基本无色的透明溶液；KB 值 30~35.5。

3. 液态二氧化碳

液态二氧化碳干洗溶剂是近年来开发的新型干洗溶剂。二氧化碳干洗机原为美国核潜艇官兵服务所设计。利用二氧化碳气态和液态的两态变化，添加必要的助剂进行衣物洗涤。可以有效地去除油溶性污垢、水溶性污垢和个别特殊的污垢，从环境保护的角度看是较为理想的。由于种种条件所限，目前尚不能普及。

二、干洗助剂

干洗助剂有很多种，依用途分类，可分为干洗毛料服装的专用添加剂、干洗皮革服装的专用添加剂，以及为提高干洗机过滤器过滤效果的助滤剂等；按干洗助剂的离子性分类，可分为阴离子型、阳离子型和非离子型等。

干洗助剂可以提高干洗洁净度和质量。干洗助剂中最典型的是枧油，枧油是让水分保持在四氯乙烯中并更好地发挥作用的重要媒介。枧油还具有防止污垢再沉积和提高干洗设备的耐腐蚀能力的作用，并且有优良的柔软、抗静电作用。

三、水洗洗涤剂与洗涤助剂

1. 洗涤剂
（1）洗衣粉：有通用洗衣粉、强力洗衣粉、增白洗衣粉、加酶洗衣粉等。

（2）液体洗涤剂：有丝毛洗涤剂、羊绒衫洗涤剂、中性洗涤剂等。

（3）肥皂等。

2. 洗涤助剂
（1）乳化剂：洗涤重油污衣物的助洗剂。

（2）软水剂：用于布草洗涤水处理。

（3）平平加等。

3. 酸和碱
（1）酸

① 冰醋酸。用于固色、中和残碱。

② 草酸。用于中和残碱。

③ 中和酸剂等。

（2）碱

① 纯碱。布草洗涤助洗剂。

② 氨水等。

四、去渍剂

1. 化学药剂
（1）氧化剂

① 漂粉（次氯酸钙）。含氯漂白剂。

② 次氯酸钠。含氯漂白剂。

③ 过硼酸钠。氧化漂白剂。

④ 高锰酸钾。消毒剂、氧化漂白剂。

⑤ 双氧水。氧化漂白剂。

⑥ 彩漂粉等。

（2）还原剂

① 保险粉。还原漂白剂。

② 硫代硫酸钠。脱氯剂。

③ 亚硫酸氢钠等。脱氯剂。

（3）有机溶剂：主要有酒精、香蕉水、乙醚、丙酮、四氯化碳、四氯乙烯等。

2. 专业去渍剂

（1）国外进口去渍剂：美国威尔逊公司 GO 系列去渍剂、德国西施去渍剂。

（2）其他品牌去渍剂：略。

第三节　常见织物污渍、污垢的种类以及鉴别

一、污渍、污垢的种类

污渍、污垢的种类很多，几乎世界上有多少种物质就有多少种污渍、污垢甚至更多，而且各种污渍、污垢很少单独存在，它们常常共同沾染吸附在织物上。下面拣取一些比较常见的污渍、污垢作一个简要的说明，供大家在操作当中参考。

1. 污垢的种类

（1）水溶性污垢　大多溶于水或部分被水溶解，如食品类的盐、糖、果汁、饮料及血污、汗液等。

（2）油脂类污垢　不溶于水，但一般易溶于有机溶剂，有的则能被洗涤剂水溶液乳化、分散，如动物油、植物油、矿物油、皮脂及其氧化物等。

（3）固体类污垢　如粉尘、煤灰、黏土、铁锈和其他金属氧化物等。

2. 污渍的种类

污渍是污垢的特殊表现形式，衣物上难以用常规清洗手段去除的污垢叫污渍。识别污渍最简单的途径是向顾客询问、了解污渍的类别。

（1）油脂性污渍　植物油、动物油、矿物油等在衣物上形成的污渍统称油脂性污渍。

（2）蛋白质污渍　这类污渍是由动物脂或蛋白质造成的，常见有血渍、汗渍、奶渍、呕吐物、人体排泄物、肉汁等。

此外，啤酒、果子酒、菜汤、巧克力、咖啡等物质形成的污渍中，除蛋白质以外，还常含有单宁类的物质。

（3）水性色素（墨水）类污渍　这类污渍多为各种墨水或染料在衣物上形成的污渍。

（4）脂性色素渍　这类污渍中既含有油脂，又含有不同色素，大多含有植物油、矿物油、合成树脂、挥发性溶剂，以及少量的干燥剂和稀释剂等。

（5）单宁类色素渍　这类污渍是指来源于植物的各种果汁渍、茶水饮料渍和水果渍等。

二、污渍、污垢的鉴别

1. 外观鉴别

有些物质例如泥点、食物、油漆等，吸附并覆盖在衣物上形成集结性污渍；有些物质比如油脂类、带色液体等沾染到衣物上后很快被织物吸收形成吸附性污渍；另外有些物质如菜汤等形成的污渍能兼有上述共同特点。

2. 色泽鉴别

（1）红色污渍　红墨水、红圆珠笔油、口红、化妆品、彩色笔、红漆、红色果汁饮料及血渍等。

（2）绿色污渍　青草、铜锈、青菜、饮料、绿色彩笔墨水等。

（3）蓝色污渍　蓝墨水、蓝圆珠笔油、化妆品、蓝色印章油、复写纸等。

（4）黄棕色污渍　茶水、饮料、咖啡、水果、药渍、尿渍、铁锈、泥点等。

（5）灰、黑色污渍　鞋油、涂料、石墨、碳素墨水等。

3. 手感鉴别

凭手感及视觉观察，将有助于对污渍的鉴别。如新鲜的糖渍发黏；漆渍、指甲油渍发硬；油脂性污渍有油腻感；蜡渍有脆感；蛋白质污渍刮时常泛白；唇膏渍擦刷会脱色等。

4. 气味鉴别

一般情况下新鲜的污渍较明显，陈旧性污渍气味稍小些，但用热风吹一下，常可以使其气味放出来。

第四节　常见污渍、污垢的去除

去渍技术是一项综合的专门技术。织物凡是经过正常水洗、干洗洗涤之后，一般污渍都是可以去掉的，去不掉的污渍称为顽固性污渍，这种顽固性污渍必须经过特殊处理，可采用物理方法、化学方法、超声去渍等方法去除。污渍种类十分复杂，要想达到理想和完美效果，就要了解污渍的种类和特性，而且要求我们掌握相关知识，例如服装面料科学、纺织纤维基础知识、染色基础知识、有机化学知识以及化学药剂的理化性质及其准确的使用等方面的知识。

去渍要做到四个正确：正确判断、正确方法、正确药剂、正确工具。

正确判断：判断污渍种类、性质、污染途径、时间长短及变化，面料的成分，纤维和面料的组织纹路，颜色种类、色牢度等。

正确方法：选择采用物理、化学、乳化、溶解方法或超声去渍法。

正确药剂：掌握化学药剂的性质作用和去除反应原理。

正确工具：正确选择相应工具，利用去渍台等专用工具，保证质料、纹路、颜色、服装款式结构不变形和不受到损害。

首先是对污渍作出初步判断，这是至关重要的，判断准确与否决定污渍去除的效果。同时确定准确的去除方法，以及选择适宜的化学药剂和恰当的去渍工具。

能用物理方法去除的就不采用化学方法，能使用去渍台去除的就不采用整体洗涤方法，能在低温下处理的就不采用高温处理，能采用溶解乳化方法的就不采用氧化还原方法。总之要方法得当，恰到好处，达到去除污渍的目的即可。

顽固性污渍情况十分复杂，不是所有特殊顽固性污渍都可以去除。例如，真丝织物、羊绒羊毛服装碰到强氧化剂、强碱使丝胶蛋白质（纤维）造成损害，尤其是蛋白质纤维遇到高温、强碱、强酸、强氧化剂，造成面料质的变化、脆损，这样的污渍就难以去除。还有重度陈旧性染发药剂污渍，也很难去除。

去渍技术是一门综合性技术，不同种类的污渍应采用不同的去渍材料，同一种污渍在不同质料的衣物上也应采用不同的去渍方法。简捷、安全、对衣物损害最小是去渍的最基本原则。

一、油脂类污渍

纯油脂类污渍一般溶于有机溶剂（油基色素渍除外）。用醇、醚、烃类溶剂均可去除衣物上的油脂类污渍，用含有分解剂酶的水性去油渍材料，也是去除衣物上动、植物油所造成污渍的好方法。

二、蛋白类污渍

这类污渍的共同特点是怕高温和酒精，而且随着时间的延长，它们将变得根深蒂固。遇到这种情况，可用含酶的专用去蛋白渍材料。若无含酶的去蛋白渍材料，可在肥皂液中加入适量氨水和甘油，配以相应的机械作用，也可以去除或减少这类污渍。

三、水性色素（墨水）类污渍

1. 非红色墨水渍

污渍处垫毛巾，用洁净的湿布润湿污渍处以去除浮色，并防止污渍扩散，多次重复直至洁净湿布无法吸附污渍浮色时，在污渍处涂适量的甘油、醋酸加中性洗涤剂，并配以相应的刷、搓等物理机械作用进一步去除浮色。

2. 红色墨水渍

采用"吸附法"去除浮色后，用肥皂液加甘油、氨水，并配以刷、搓等物理机械作用进一步去除浮色。

3. 墨汁渍

去除这类污渍时须先用"吸附法"去掉浮色，切勿水冲，再用醋酸丁酯之类能溶解树脂的溶剂使污渍中的树脂溶解，同时进一步除去浮色。将淀粉用开水冲熟后冷却，把污染墨汁渍的织物浸泡到熟浆液中。准备适量的糯米或黏性较强的米饭，在织物的污染部分放上饭粒，反复轻轻揉搓，经过上述处理后，再用适宜的洗涤材料彻底清洗，一般均能收到较为理想的效果。

4. 脂性色素渍

圆珠笔油是典型代表。去渍时应首先利用各种溶剂脱除污渍中的油脂，残留的色底再按水性色素（墨水）类污渍去除方法逐块去除。常用的溶剂有酒精、$120^{\#}$溶剂汽油、二甲苯、四氯乙烯、香蕉水等。选用时应根据污渍的种类不同区别对待。如圆珠笔油渍可优先采用酒精；新鲜的油墨、印台油渍等可选用$120^{\#}$溶剂汽油；各种口红渍、胭脂渍、眼影渍等，采用酒精加少许二甲苯即可取得较为理想的效果。

5. 单宁类色素渍

由于这种类型的污渍怕遇碱和高温，所以选用的去渍材料多为酸性，处理温度也应低些，特别是动物性纤维织物。去渍时，先用醋酸加甘油并配以刷、搓等物理机械作用使污渍缓慢溶解，浓重的印记化开，重复几次，待污渍的颜色变浅淡后再用中性洗涤剂轻揉轻洗。

污渍处理是洗衣服务业的重要课题。为实现安全有效地去渍，必须正确地识别衣物质料，有针对性地选择去渍材料，合理地运用各种去渍工艺手段。除此之外，还应注意以下几方面的问题。

① 质料高档的丝、毛织物不可用力强刷或强擦，以免织物表面起毛或并丝；对色牢度极差的真丝织物须慎重进行局部去渍，尽力避免造成局部脱色。

② 去渍操作应由浅入深、由边缘向中间推进，一点一点地逐步去除，切不可造成污渍扩散和二次污染。特别是去除某些色素渍时，切勿用水去除浮色。应

先采用适宜的去渍剂慢慢使污渍溶解，并配以棉球和毛巾吸附溶解的污渍。待吸附污渍的棉球和毛巾不着色时，再配以刷、揉、搓、刮等物理机械作用。

去除污渍的标准是：污渍去除洁净，原色不变，不留痕迹，质料纹路不损害，服装结构不变形。

第五节　织物的水洗

洗衣店的主要工作为干洗，但是水洗的情况也时有发生，尤其近几年来，羽绒服的洗涤量猛增，每到春季，各洗衣店的羽绒服都到了无处可放的程度，而羽绒服的最佳洗涤方式就是水洗，因此在此也有必要对水洗进行简单的介绍。

从某种意义上讲，应该说没有不能水洗的衣物。干洗不过只有几十年的历史，有些怕水的衣物只要掌握了相当的技术水平，温度、时间等掌握得好也是可以水洗的，关键是技术水平能否跟得上。所以织物水洗效果的优劣，取决于水洗全过程中的每一步工艺操作。因为织物上污垢的去除干净与否基本上依赖于洗涤过程中的主洗操作。

一、织物水洗的流程

1. 检查分类

清洗之前应逐件检查客衣内有无钱币、钥匙、圆珠笔、香烟，尤其是类似于刮胡刀片等杂物；检查有无发胶、染发水、各种汤汁、锈、血及鞋油渍等。遇有污渍或污垢厚重的织物，应分检出先做去渍去垢预处理；遇有破损的衣物，应进行登记或单独处理。应根据衣物的不同色泽、受污垢污染的状况、不同质料分类存放，并做好洗涤前的准备。

2. 去渍处理

衣物上的某些新沾染的污渍、污垢过水之后，大多数均可去除。而某些陈旧性污渍以及油性色素渍等，则需要专门去渍处理才能清除干净。

3. 制定方案

为了求得最佳的洗涤效果，必须依据影响洗涤的各种因素，选择最有利的洗涤条件、洗涤温度和洗涤时间等，同时制定相应的洗涤程序。

4. 投水和脱水

衣物经洗涤后，一般均经过一个中速或高速脱水过程，以尽可能减少衣物中残存的洗涤液，提高水洗物的投漂效率。投水常选用高水位，并进行多次，以逐渐降低衣物上残存洗涤液的浓度。吸水性能较强的纯棉衣物，通常要投水漂洗3~4次，而吸水性能较差的化纤类织物，通常投水漂洗1~2次即可满足要求。

衣物经投水后，都要进行一次高速脱水。脱水时不能只考虑尽量把水脱掉，还应兼顾洗衣机巨大的离心作用可能对衣物造成的损坏。因此，衣物的质料及结构不同，其高速离心脱水的时间也不相同，一般为6~8分钟，对于质料轻薄、结构松散的毛织物、纤细织物等，则不宜进行高速脱水。

5. 织物的柔软、抗静电处理

由于衣物纤维在使用过程中常因搓、擦等物理机械作用或相互缠嵌等形成卷曲，使其手感变差；再如某些化学合成纤维织物，吸湿性差，容易产生并聚集静电。为此，这些衣物需要进行柔软、抗静电处理。溶液浓度越大，温度越高，作用时间越长，纤维上吸附的量越大，处理效果越好。因此，水洗衣物柔软处理时，一般保持低水位、温度40℃，时间5~8分钟。

二、织物水洗的影响因素

1. 洗涤用水

以水为介质的水洗过程中，预洗、主洗、漂白、过水、过酸等操作过程均离不开水，洗涤用水的水质对布草类织物的水洗效果影响极大，洗涤用水以软水为宜。

水的软化处理有多种方法。中小洗衣企业常用化学法（又称螯合法），即在洗涤用水中加入某些化学药剂，通过化学药剂与水中的无机盐金属离子发生化学反应，用以防止水中的无机盐离子在加温与碱性条件下发生沉淀，影响洗涤效果。

洗涤用水除了对织物的水洗去污会造成影响外，还会对织物的物理性能造成影响。织物的质料不同，其遇水后物理性能变化的状况也不一样。

2. 物理机械作用

织物水洗时，物理机械作用对主洗效果的影响是非常大的。这主要指洗衣机滚筒对水洗织物施加的各种物理机械力以及水温和洗涤时间等因素的影响。在织物于洗衣机滚筒内翻动、揉搓、摔打的过程中，含有洗涤剂的洗涤液在织物纤维间反复穿插流动，在洗涤剂和各种物理因素的综合作用下，促使和加快织物上污垢的取代和剥离。但这种综合作用只有在一定条件下才能发挥其最佳效果。通常织物装载量为其设计额定装载量的85%左右时，综合作用效果最好。

3. 洗涤液温度

洗涤液温度也是影响因素。随着温度的提高，纤维上污垢的结合作用大大减弱；污垢分子运动速度的提高则加快了其被洗涤液润湿、乳化甚至溶解的速度，这既有利于织物上污垢的去除，也减小了污垢再沉积的可能性。此外，含有过氧化物漂白剂的洗涤剂，温度越高，漂白效果越好。因此，适当提高洗涤液温度是十分有利的。

但是织物水洗时，并不是温度越高越好。提高温度除了要增加能耗外，在有些情况下，洗涤温度过高，则有可能降低去污效率，甚至带来较大的负面影响。

织物的颜色也是选择洗涤温度的重要因素。洗涤温度提高，会加剧织物的脱色，特别是一些染色牢度较差的织物，可能会产生严重的褪色。

织物上污垢的种类不同，主洗时选择的洗涤温度也应有所区别。洗涤温度越高，去除油脂性污垢的皂化反应就进行得越理想。而水洗沾染蛋白类污垢的织物时，由于高温会使蛋白质变性凝固，牢牢地黏附在织物上难以去除，故通常先用冷水浸泡后再低温洗涤。

4. 洗涤时间

织物的洗涤需要一定的时间才能完成，但也并非时间越长越好。洗涤的过程是织物去污与污垢再沉积的可逆过程。洗涤开始时，污垢再沉积的概率较低，而当去污接近完成时，污垢再沉积的可能性却明显提高了。实践证明，在洗衣机较低运转速度下，时间过长，去污效果反而下降。

三、洗涤剂的选择与应用

目前市场上，可供洗衣企业选择的洗涤剂产品不仅品种多，而且质量和价格也存在较大差异。因此，在布草织物水洗过程中，必须选择应用针对性强的产品。

水洗织物中的客衣，绝大多数可以选用通用洗衣粉，但由于通用洗衣粉中的碱对客衣中的丝、毛织物负面影响较大，故丝、毛织物宜采用 pH 值较低的液体洗涤剂，且不宜用机器水洗。

和强力洗衣粉相比，通用洗衣粉主要不是去除油脂类污垢，而是去除一般性污垢。为此，实际应用时，对那些受污垢污染较重的巾类织物和客衣，洗涤时除采用通用洗衣粉之外，也可补加少量强力洗衣粉或乳化剂，以达到去污洗净和保护织物的作用。

四、手工水洗

现在的科学技术水平越来越发达，洗涤机械也在不断地推陈出新，很多人都认为机械可以代替一切，其实远远不是想象的那样，从洗衣这方面来说就有不少衣物是不能通过机械处理的，在此我们也简要地把手工水洗介绍一下。

内衣，结构松散、轻薄的衣物，带各种饰片、饰品的衣物，色牢度不强的丝毛织品以及不宜机械水洗或干洗的衣物，一般用手工水洗。污垢较重的衣物（如防寒服等）在用机械水洗前也需首先进行手工刷洗。

1. 手工水洗时应关注的几个问题

（1）衣物的多孔性及其大表面不仅使其容易受污染，还容易吸附污垢形成污垢再沉积。因此，根据衣物的质料不同、染色牢度不同、其上沾染的污渍和污垢以及污染状况不同，选用的洗涤剂和洗涤时的温度、时间、物理机械作用等洗涤条件应有所区别。

（2）各种类型的洗涤剂，都是依靠表面活性剂和助剂的辅助作用来实现去污的。洗涤剂种类和去污能力方面的区别，主要取决于其所含表面活性剂的种类、有效物含量、复配比例、助剂的种类及添加量等多种因素。质料不同、污染不同的衣物，不仅需要不同性质的洗涤剂，也需确定相应的浓度。洗涤剂浓度大，虽去污效果好，但洗涤液中残留的洗涤剂浓度也相应提高，这不仅造成浪费，增加洗衣成本，同时也加大了衣物投水漂洗的难度。

（3）衣物水洗时，洗涤用水对洗涤作用的影响是多方面的。特别是衣物水洗时，不仅要考虑水对织物强度的影响，还要考虑硬水中钙、镁离子对洗涤去污造成的负面影响，尤其是水洗真丝织品时，应特别关注硬水可能带来的色泽和色光方面的问题。

（4）适宜的物理机械作用无疑是取得最佳洗涤效果的保证。一般情况下，物理机械作用越强，洗涤时间越长，洗涤液温度越高，去污效果越好。但衣物手工水洗时，过强的物理机械作用对衣物结构、强度，尤其是染色牢度也会产生明显的负面效应。

2. 衣物手工水洗的操作工艺

衣物的手工水洗应包括去渍前处理及预洗、洗涤液浸泡、手工清洗、脱水、投水漂洗、后处理、甩干、晾晒等各项工艺操作。

衣物手工水洗前，应该选用适宜的去渍剂或洗涤剂，首先去除衣物上的污渍或厚重污垢。前处理后的衣物置常温水中浸泡。为防止衣物在手工水洗过程中明显褪色，可在衣物浸泡时按需要适量加入起固色作用的固色剂，衣物彻底润湿后挤干，再置入洗涤液中浸泡、清洗。

（1）洗涤液浸泡 依织物质料、结构、色牢度不同，选择不同的洗涤剂水溶液、温度及浸泡时间。真丝及多色织物，洗一件泡一件；绒类织物（条绒服装）吸水性强，宜加大水量，以防止衣物挤压使绒毛倒伏；而人造革衣物则不宜浸泡。

（2）手工清洗 为保证洗涤效果，大多数待洗衣物均需进行手工刷洗。刷洗时，要选择平坦的洗衣板，衣物铺平，洗衣刷走平，用力均匀，即"三平一匀"。沾污部位用刷子蘸洗涤液（剂）逐片、逐块认真刷洗，避免漏刷、重刷。

针对衣物的质料、状况、表面状态不同，刷洗时应区别对待。例如带绒的织物要顺着绒的纹路轻刷；丝、毛织物重点部位用软刷轻拍、轻刷；多色织物应边冲水边轻刷，以防串色、渗色；不宜强力洗涤的织物（丝、毛织品）应在洗涤液中大把轻揉或挤攥，不能用力揉搓，更不能用搓板；人造革衣物和经防水处理的衣物不仅不能机洗，不能揉搓，更不能拧绞，只能用软毛刷轻刷。

（3）脱水 为了尽可能脱除衣物中带有污垢的洗衣液，给投水漂洗奠定基础，衣物经用洗涤液清洗后常需进行脱水，轻薄易损衣物脱水时，需用洁净毛巾被包裹后再行甩干，以防止损坏衣物；不宜机器甩干的衣物，应双手轻轻挤攥来排出洗涤液；而人造革等衣物则用洁净干毛巾揩干，不能甩干，以防止出现死褶。

（4）投水漂洗　视衣物色牢度状况，将脱水后的衣物放入清水中投水漂清2~3次。为防止衣物纤维遇冷收缩过快，影响投水漂洗效果，漂洗水温应逐步降低。此外还需注意以下几点。

①轻薄易损衣物、吸水量大易变形织物，漂洗时应双手挤攥，大把轻揉或挤压。从漂洗液中取出时应双手托住，不能拧绞，只能轻轻挤出水分，以防破损。

②经防水处理的尼龙绸织物等适宜双手攥住两肩上下拎涮，不能揉搓挤压。

③吸水量大的防寒服等衣物，投水漂洗时最好投水一次，甩干一次。

④丝、毛织物及羽绒服漂洗时最好用软水，无软水时可在水中添加软水剂（EDTA-Na$_2$或六偏磷酸钠等），添加量一般为每 10 升水 3~5 克。

（5）后处理　丝、毛织物及羽绒防寒服等衣物，投水漂清挤干水分后，应在2%左右的醋酸溶液中浸泡片刻(一般8~10分钟)，进行过酸中和处理，以防出现水痕。

毛衣、羊毛衫等衣物过酸中和后挤干水分，尚需进行柔软抗静电处理。

白色衣物投水漂清后挤干水分，根据需要还应进行漂白或荧光增白处理。

（6）甩干晾晒　衣物清洗后的甩干晾晒虽是举手之劳，但处理得好，能给随后进行的熨烫创造许多方便条件。相反，若处理不好，却会带来许多意想不到的麻烦。

一般衣物经清洗甩干后，抻平各部位，衣里朝外用塑架挂起，于阴凉处风干；轻薄易损织物用洁净浴巾包好甩干，抻平各部位，用塑架挂起风干；不宜甩干的织物（特殊处理过的衣物）轻轻挤攥，带水用衣架挂起控干；人造革衣物投水干净后，用干毛巾揩擦衣里、衣面，用衣架挂起晾干。

经防水处理的衣物不能挤干、拧干，更不能甩干，以防出现死褶，只能用洁净干毛巾擦拭衣里、衣面后，用衣架挂起控干。待衣物晾至半干后取下，用毛巾再次擦拭里和面，以防出现水渍。一旦出现水渍，可用洁净毛巾蘸温水擦拭去除。

结构松散易变形的衣物，如羊毛衫、毛衣等，除甩干时最好用浴巾包好，防止离心力作用使其变形外，晾晒时也需用2~3个衣架平面悬挂控干水分，以减少因悬垂过重而产生变形。若有条件，最好平铺在垫有洁净白浴巾的台面上，抻平各部位，风干一面后，再风干另一面。待整件衣物八成左右干时，再用衣架挂起风干。

第九章 干洗设备的使用与维护

目前开设的洗衣店，大部分都是干洗店，真正配置工业水洗机的企业不多，由于洗衣店最主要的设备就是干洗机，下面重点将干洗机的使用、维护与保养加以介绍。

第一节 干洗机的操作

干洗机的控制操作是有一定程序的，违反了程序就有可能出现很多意想不到的问题，所以熟练地掌握干洗机的操作，是做好干洗工作的基本保障。干洗机的操作包括以下程序。

一、添加溶剂

干洗机安装就绪，经调试检查准备投入使用前，应将干洗机的有关箱体注入溶剂。添加溶剂时，可先将溶剂注入滚筒或纽扣捕集器中，然后通过油泵将溶剂输送到各个箱体。此外，还可用软管与干洗机上预留的油泵进口相连，直接用油泵将溶剂输往各处。

各溶剂箱和过滤器注满溶剂后，还要向油水分离器内注入一定数量的溶剂和水。带有烘干控制器的设备，同样要加注溶剂。

向干洗机的溶剂箱添加溶剂时，切勿加注过满，一般以占相关箱体的 2/3 左右为宜。

二、开机前的准备工作

干洗机开机前应做的准备工作包括多项内容，首要的内容是过滤器预敷助滤粉。

干洗机开机前应认真检查各阀门的位置，接通电源、水源、蒸汽源和压缩空气源。将蒸馏器内的污泥清洗干净，然后关紧排污门。

三、开机试运转

（1）向滚筒内注入溶剂　打开工作箱的排油阀门和滚筒进油阀门，有的干洗机还须开动油泵。当滚筒内的溶剂液位到达预定液位时，关阀门和油泵。

（2）清洗　按下"清洗"或"低速"按钮，洗涤电机运转，通过离合器、皮带轮带动滚筒低速运转。

（3）排液　清洗完成，应首先排除滚筒里的溶剂才能进行脱液，为此，应打开滚筒排油阀和工作箱（或蒸馏箱）的进油阀，有的干洗机还须开动油泵。清洗后排液时，洗涤电机继续拖动滚筒低速运转，一方面利于排液，另一方面借助于滚筒内装肋板，将衣物抖散，利于脱液的进行。滚筒排液时间，应根据干洗机的容量大小及滚筒内溶剂的液位不同而定，一般 3 分钟左右即可。

（4）脱液　脱液最好在干洗机滚筒具有一定转速下进行。当滚筒转向和脱液时的转向一致时，关断清洗电机，接通脱液电机，干洗机滚筒便从洗涤转速向脱液转速逐步升速，大中型干洗机，其脱液转速的转换是自动进行的，即当干洗机进入脱液程序时，依时间的递进，干洗机自动从中速脱液转换成高速脱液。而某些容量中等的干洗机，其高速脱液仍需手动操作，即当滚筒经 1~2 分钟的中速脱液后，按压高速脱液按钮，电气系统才会接通脱液电机的高速脱液控制电路。

滚筒排液需要开动油泵的干洗机，其脱液全过程中，油泵应一直处于运转状态。

干洗机脱液时，有时振动很大，这主要是滚筒装载不平衡造成的。造成滚筒不平稳主要有两方面的原因，一方面可能由于衣物质料不同，其溶剂吸附量不同，且由于排液时间过短造成滚筒负载不平衡；另一方面衣物相互缠绕在一起，造成衣物在滚筒圆周方向上分布不均匀引起不平衡。当然，滚筒装载量过大，或地脚螺栓紧固不牢也可能造成整机振动。

新型的干洗机，都装有减振装置，不需要装地脚，如果振动过大就要抓紧调试。

干洗脱液的时间一般为2~3分钟，时间过短会延长烘干时间，当然过度脱液也是不可取的。

脱液终了，应及时关断脱液电机及有关箱体的阀门和油泵，装设自动刹车装置的干洗机，关断脱液电机且滚筒转速下降到某一数值时，干洗机再实施制动刹车。

（5）烘干　进行衣物烘干时，应首先接通干洗机的清洗电机、风机电机的电源；其次接通烘干加温器和烘干温度控制器（即接通热源和确定温度）；最后接通冷源——制冷机或冷却水源。

干洗机在烘干过程中，操作人员要注意巡视检查滚筒升温情况、冷却水回水温度变化状况及溶剂回收量的变化，以便发现问题，及时处理解决。

干洗机的烘干时间一般为30~40分钟。当回收溶剂观测孔已无溶剂排放时，烘干过程即告结束。此时，应关断烘干加温器和烘干温度控制器。

（6）脱臭　衣物烘干过程中，温度随循环气流升温而不断提高，烘干程序完成时，衣物温度和烘干温度大致相同，为了降低衣物温度，清除衣物中残存的四氯乙烯气味，在关断烘干热源的同时，干洗机实施脱臭。

脱臭时间的确定，可参照滚筒温度降低情况来进行，一般当滚筒降温至40℃左右时，脱臭工序结束。

干洗机脱臭完毕，应关断洗涤电机、风机电机电源及冷源和脱臭运行系统。

第二节　干洗程序

干洗是利用有机溶剂对衣物进行清洗处理的方法。干洗适用于清洗较高级面料的服装、不便下水洗涤的装饰物品及高档皮革和裘皮服装等。上一节讲述了干洗机的使用程序，这一节将重点讲一下干洗程序。

为提高干洗机的利用率，保证衣物干洗效果，衣物干洗前必须进行分类，即按照先浅（色）后深（色）、先净后脏的原则，将衣物区别开来，分别进行洗涤。出于对顾客及设备负责，衣物干洗前还应进行掏袋和验扣，把衣袋中可能遗忘的钱币等以及易损坏的纽扣收集保管起来。

衣物分类及相应检查完毕，还应进行衣物干洗前的预处理。即将衣物上的污渍及易沾染污垢的部位，如领口、袋口、前襟、下摆等处用相应的去渍材料或干洗前处理剂处理一下，这对浅色衣物的干洗尤为重要。

将经过洗前处理并称重的待干洗衣物装进滚筒后，关好机门，即可进行下述干洗操作。

洗衣服务业所接触的待干洗衣物不仅质料不同，颜色差异大，而且脏净程度也不一样，因此，应采用不同的清洗方法。除特殊衣物（如皮革制品）外，一般衣物有以下几种处理方法。

（1）一浴　衣物经一次清洗，然后脱液、烘干。适用于干洗脏度一般的衣物。

（2）二浴　衣物经一次清洗后，低速短时脱液，然后再用清洁溶剂进行漂洗，再次进行脱液，烘干。适用于较脏的衣物。

（3）泵循环洗　干洗过程中，滚筒中的溶剂用泵抽出后再回流至滚筒，使滚筒中的溶剂呈流动状态，以提高洗涤效果。溶剂的循环路径为：滚筒—纽扣捕集器—油泵—滚筒。

（4）过滤循环洗　如前所述，过滤器能把干洗过程中溶剂内的悬浮物截滤下来，带有活性炭过滤媒介的过滤器还能吸附溶剂中的色素，溶剂相对洁净，避免了在衣物洗涤过程中，溶剂中和衣物上的污垢相互污染，因此，洗涤效果优于泵循环洗，是各种干洗工艺中最为理想的干洗方法。溶剂的循环路径为：滚筒—纽扣捕集器—油泵—过滤器—滚筒。

使用注意事项：衣物在干洗过程中，尤其在采用循环洗过程中，含有污垢的溶剂从位于装载门上方的通道中喷出冲向衣物。进入烘干程序后，部分污垢会滞留在装载门及盆状玻璃体上。为此，干洗机脱臭完毕取出衣物前，应先用一块潮湿洁净的毛巾，将干洗机装载门的金属环框及玻璃体随手擦拭干净。这虽是举手之劳，但对衣物的洗涤效果却有百利而无一害。

滚筒中的衣物虽经降温，但和环境温度相比仍然较高。为避免堆积时间过长造成褶皱，应事先准备好活动挂架和衣架，以便及时将衣物整理分拣出来，为熨烫做好准备。

为保证干洗效果，出车后的衣物还应进行洗后检查，并及时去除衣物上可能残存的水溶性污垢。

干洗机发生故障时，应立即进行检修，以免故障扩大，加重检修难度。干洗机停用期间，应将水、电、蒸汽、压缩空气等开关及节门关好，避免发生意外。

不要让皮肤长期接触四氯乙烯，要尽量防止四氯乙烯外溢，一旦溢出，应立即用水冲掉。

空气中含有超量的四氯乙烯气体时，人会出现头晕、恶心等症状。如严重中毒，应立即将中毒者移至空气新鲜的地方，必要时马上就医。

第三节　干洗机的维护保养

为了确保干洗机正常运转，以保证洗涤工作顺利完成，除了应熟练掌握干洗机的操作外，还应该掌握干洗机的日常维护保养。

干洗机的日常维护保养一般包括以下几方面的内容。

（1）衣物在干洗过程中，由于摩擦产生的绒毛漂浮在溶剂中，极有可能堵塞纽扣捕集器的滤网孔道，影响溶剂的正常流通循环。因此，纽扣捕集器要经常清扫。纽扣捕集器的另外一个功能是作为滚筒的液位显示器。

（2）脱液的全过程应由低速向高速逐级加强，其控制由干洗机的电气系统来实现。

（3）干洗机的蒸馏器工作时，操作人员应加强巡视检查。尤其当蒸馏器温度接近100℃时，蒸馏器内脏溶剂中的水和各种污垢杂质首先沸腾，稍有不慎，极易引起沸溢，进而污染蒸馏冷凝和油水分离器，甚至污染清洁溶剂箱。正确的操作方法是：在蒸馏温度接近100℃时，适当降低温度甚至关断蒸馏器热源，稍过几分钟后，再让蒸馏加温器继续升温。此时由于溶剂中的水和部分杂质已基本蒸发完毕，就不会发生沸溢现象了。

（4）采用电加温的干洗机在进行蒸馏操作时，更须格外小心，特别是电热油加温干洗机。这种形式的干洗机蒸馏时，应首先检查导热油的液位，油位过低易烧毁电加热管，油位过高会因导热油受热膨胀外溢。同时要注意检查电加热器连接导线的绝缘状况，以免因电负荷过大引起导线接头处"打火"造成火灾。

（5）每日例行保养工作如下。

① 绒毛捕集器、纽扣捕集器每班至少应清理一次，并恢复原状。

② 应将蒸馏器内的脏溶剂蒸馏完毕，次日开机前趁蒸馏器未加温时，将蒸馏器内的残渣刮除干净，否则会影响蒸馏器效率。

③ 采用电热蒸汽加温的干洗机，尤其未采用软化水的干洗机，干洗机停用后，应先将电蒸汽发生器内的余气慢慢放掉，待蒸汽压力降至 0.05 兆帕左右时，再将余气和余水排出，以免结垢影响产气效率。

④ 检查各溶剂箱内的溶剂是否达到清洗程序规定的数量，必要时添加溶剂。

⑤ 检查过滤器的压力，并通过观测窗检查过滤器的净化功能，若有必要，进行过滤器的再生处理。

⑥ 检查电热蒸汽发生器的水位，若有必要，适量加水。

⑦ 检查电热蒸汽发生器、压缩空气气罐和蒸馏器的安全阀，以防泄漏。

⑧ 检查空气压缩机的启动、停止压力，保证空气压缩机的正常运行。

⑨ 检查各运转部位轴承及压缩空气润滑器的油量，必要时添加润滑剂。

⑩ 检查机器的外观清洁状况，除应进行必要的清洁外，还应注意防止溶剂泄漏。

第十章　服装熨烫

服装熨烫是服装洗涤后的必备工序，不论是水洗还是干洗后的服装，必须经过熨烫后才能达到交付顾客的标准，尤其经过水洗的衣物，熨烫技术是关键。所以，学好熨烫技术是开洗衣店的必要条件。

第一节　熨烫工具

做任何一项工作都离不开相应的工具，熨烫工作更是如此，下面先把熨烫工具进行系统的介绍。

一、烫台

烫台是手工熨烫的工作台。将衣物铺在烫台上才能熨烫，烫台从形式上分为以下三种。

（1）方台　长方形台面，下面有风机，使台面形成负压来达到冷却的目的。方台主要用于熨烫铺平面积较大的衣物，其熨烫质量高，工作效率高，但不适合熨烫曲线造型、结构较复杂的服装。

（2）穿板烫台　其前端为半圆弧形，宽度不一，适合熨烫曲线造型、结构复杂的衣服及各种裙类女装。

（3）多功能鼓吸风蒸汽烫台　它是具有吸风、吹风和喷蒸汽功能于一体的多功能烫台。首先通过喷射蒸汽使服装纤维软化并进行整形，再通过吸风使服装定型。该烫台适合熨烫绒面衣物，同时也可以与穿板一起使用。

二、熨斗

熨斗是手工熨烫的主要工具，是熨烫时温度的来源。熨斗的种类如下。

（1）电熨斗　它是传统的熨烫工具。熨斗有两种，其一为直接加热型，温度的控制是靠操作人的意愿，随时根据需要的温度高低来通断电源，此种熨斗目前已不多见。其二为自动恒温控制电熨斗。该种熨斗可根据被烫物温度的允许范围事先调整熨斗的加热温度。当熨斗达到了预调范围内时就会停止加热，当温度低于预调温度范围时又会自动加热，这样就减少了人为操作的烦琐。

电熨斗最大的优点是温度高，可使纤维充分软化，定型效果好，挺括度高。

（2）纯蒸汽熨斗　它是目前洗衣业普遍使用的一种熨斗。因为该种熨斗比较安全，不易出熨烫事故，对于普通衣料，纯蒸汽熨斗一般情况下是可以应对的。但遇到纯天然纤维，纯蒸汽熨斗就颇显逊色了。

（3）电、蒸汽混用熨斗　它具备了电熨斗和蒸汽熨斗的双重优点，是今后发展的方向。该种熨斗适用范围宽，化纤混纺面料和天然纤维面料都可使用。

三、袖骨

袖骨是穿板式烫台上的一个附件，就是一个小型穿板，是专门用于熨烫袖子的工具。

四、肩座

俗称"馒头"，是熨烫上衣袖山部位的必备工具。它的形状就像扁的花生，两头圆弧与袖山圆弧相同，中间部位束腰以便手拉。

五、干布

干布是用来熨烫服装正面时，垫压在面料上防止熨斗与布料直接摩擦接触而产生亮光的必备物。对于干布的要求是，要使用纯棉、本白、平纹布。不得使用化纤混纺材质的材料。

第二节　熨烫技术

熨烫工作是一道重要工序，有很多内容，由于本书重点讲述的是如何开店，所以在这里就只将熨烫工作中的重点部分——熨烫条件及程序加以介绍。

一、熨烫的条件

（1）闷水　就是将喷上水的衣物紧紧地卷起来，使水充分、均匀地渗透到纤维的非结晶区内，时间一般在20分钟以上。但在夏季闷好的衣物千万不要过夜，防止发臭、发霉。

（2）喷水　就是将衣物喷一块烫一块。这种方式主要是防止掉色的花料在闷水时产生搭色。

喷水烫的效果远不如闷水烫，凡是能用闷水烫的就不用喷水烫。喷水烫法只是一种不得已的补充方式。

（3）蒸汽烫　就是使用蒸汽代替水的熨烫方式。

另外，纯毛织物绝对不能采用闷水或喷水的方式熨烫。因为毛纤维的髓层内吸入过量的水分就很难烫干，当髓层内的水分在熨烫后再渗透出来时，就将原来熨烫的效果又破坏了。

（4）温度　是熨烫的主要条件之一，温度的高低是保证熨烫质量的前提。温度的要求是根据面料材质的不同而确定的。

（5）熨烫的作用　温度使纤维内水分蒸发的同时，充分软化纤维，为后期的定型打好基础。

二、加热方式

（1）蒸汽加热　安全性好，但温度较低。

（2）电加热　温度高，但容易出现熨烫事故。

三、压力

当纤维充分软化后，如果没有压力，它只是处于一种自由状态，只有按操作人的要求施加一定的压力，才能达到一定的效果。

（1）压力的作用　压力是使纤维变形及定型的力。通过压力可以将弯曲的纤维变直，织物就会变得平整。同时直的纤维也可通过压力将其折弯，如压裤线时就是如此。

（2）压力的选择　要根据面料的材质、理化性质及织物表面状况，分别使用不同的压力。

四、冷却

经熨烫后的织物纤维内储存了部分水分和热量，这些都是使纤维软化的条件，当其任务完成后，就要将其去除，否则就无法保持熨烫效果。

五、各种纺织纤维的直接熨烫温度

熨烫温度就是熨斗温度，它与被熨烫物承受温度的能力必须吻合，如果熨烫温度低，达不到纤维的软化点，熨烫效果就会很差；如果温度过高，又会造成熨烫事故，轻则烫黄，重则烫硬或熔化、破损。常见纤维熨烫温度见表10-1~表10-3。

表10-1　天然纤维直接熨烫温度

名　称	使用温度/℃	名　称	使用温度/℃
棉	175~195	丝	165~185
麻	180~200	毛	150~180

表 10-2　人造纤维直接熨烫温度

名　称	使用温度 /℃	名　称	使用温度 /℃
黏胶纤维	160~185	铜氨纤维	150~160
醋酸纤维	150~160		

表 10-3　合成纤维直接熨烫温度

名　称	使用温度 /℃	名　称	使用温度 /℃
涤纶	150~170	维纶	85~100
锦纶	125~145	氯纶	45~65
腈纶	115~135	丙纶	免烫
氨纶	120~140		

这里讲的熨烫温度是单一纤维所能承受的温度，在实际工作中，很多纺织面料并不是一种纤维，而是由两种或两种以上的纤维组成的，在熨烫时，要以其中承受温度最低的那种纤维所能承受的温度作为熨烫温度，否则会造成熨烫事故。

六、熨烫程序

1. 西裤的熨烫程序

衬绸—分裤缝—腰头—对裤缝—压裤腿

注意：西裤腰头部分要烫反面，压裤腿时要垫干布，防止出现亮光。

2. 西服上衣的熨烫程序

小领—袖子—后身—前身—修改曲线造型—压大领—上袖肩

注意：西服上衣要从后面熨烫，正面需要熨烫时必须要垫干布，防止出现亮光。

3. 男式衬衫的熨烫程序

贴边—领子—托肩—袖子—后身—前身—折叠

4. 旗袍的熨烫程序

领子—袖子—肩—腰线以上后身部—腰线以上前身部—腰线以下后身下部—

腰线以下前身下部—左右开气

5. 连衣裙的熨烫程序

领子—袖子—肩—腰线以上后身部—腰线以上前身部—腰线以下裙部

6. 立褶裙的熨烫程序

里衬—裙腰—裙部经纬纱校正—反褶—正褶

7. 百褶裙的熨烫程序

裙腰—裙部拿褶定位—裙褶定型—去除针眼—整体归拢

第十一章　服装常用材料常识

用不同材料制成的服装，需要采用不同的方法和手段进行清洗、保养。为了保持服装的整洁、美观，维持和延长服装的穿着使用寿命，减少事故的发生，必须学会识别服装使用材料。

第一节　常见纺织纤维的分类及特征

制作服装的原料很多，除了人们常见的各种天然纤维以外，金属纤维、毛皮、皮革、化学制品等，也得到了广泛应用，但用量最多的还是各种纺织纤维。

1. 天然纤维

天然纤维包括植物纤维（天然纤维素纤维）和动物纤维（天然蛋白质纤维）。植物纤维分为棉纤维和麻纤维等；动物纤维主要包括毛纤维和丝纤维。

棉纤维又称种子纤维，它是从植物种子表面获取的纤维材料，例如棉花、木棉、椰子绒等。棉纤维的结构为一端开口、一端呈封闭状态中空的管状。

麻纤维又称韧皮（或叶）纤维，它是从植物的茎部（或叶子上）得到的，例如亚麻、黄麻、罗布麻（叶纤维如蕉麻、剑麻）等。麻纤维是两端封闭、中间有空腔的长条形，中腔的大小随纤维的成熟度不同而略有区别。

动物纤维，是从自然界生长或人工养殖的动物身上获取的纤维材料。丝纤维和毛纤维也是人类较早利用的纺织纤维品种。

丝纤维是由蚕体内的分泌物凝固而成的，由两条平行的单丝组成，蚕丝内层是蚕体内绢丝腺分泌出的丝素，外层为丝胶，丝胶包覆在丝素的表面。蚕丝又分为桑蚕丝、柞蚕丝、蓖麻蚕丝等。相对来讲，柞蚕丝织物在吸湿、强度和耐光性能方面均优于桑蚕丝，但柞蚕丝织物表面比较粗糙，粗节较多，吸色能力较差，而且容易产生水渍。

天然动物纤维有山羊毛、绵羊毛、山羊绒、骆驼绒、骆驼毛、兔毛等，单根毛纤维大多为乳白色或淡黄色，其横截面呈不规则的圆形或扁圆形。毛纤维由三个部分组成：最外层是鳞片层，由于鳞片的存在，使毛纤维具有缩绒性；中间为皮质层，它是毛的主要组成部分，影响着毛的服用性能，皮质层越厚，其强度、弹性越好；髓质层是毛的最里层，结构松散、充满空气。但是并不是所有的毛都有这三个部分，根据毛的结构划分，有细绒毛（也叫无髓毛）、两型毛、有髓毛（也叫粗毛）与死毛几种。细绒毛由鳞片层和皮质层组成，无髓质层，弹性好，光泽柔和；两型毛的髓质层呈断续状态，其粗细不匀，次于细绒毛，好于粗毛；粗毛卷曲少，外形粗直；死毛除鳞片层外，几乎全是髓质层，没有弹性，而且性脆容易折断。

2. 化学纤维

化学纤维是利用天然或合成的高分子化合物为原料，通过化学制造和机械加工而形成的纤维材料。它又分为人造纤维和合成纤维。

人造纤维又称为再生纤维，包括人造纤维素纤维、人造蛋白质纤维和人造无机纤维三种。人造纤维素纤维主要是利用自然界的棉短绒、木材、芦苇等含有纤维素的物质为原料制成的纤维，其长丝为人造丝，如将长丝截短，其截取的长度和粗细与棉纤维接近，则称为人造棉；截取的长度和粗细与毛纤维接近，则称为人造毛；如截取的长度和粗细介于棉纤维与毛纤维之间，则称为中长纤维。人造蛋白质纤维主要是利用天然蛋白质为原料，经过加工制成的纤维，如大豆纤维、花生纤维、酪素纤维等。人造无机纤维主要有玻璃纤维、金属纤维和碳素纤维等。

合成纤维是以从石油、天然气、煤中分离出的低分子脂肪烃、芳香烃和其他有机化合物为原料，聚合成高聚物质，再经加工而成的纤维。有涤纶、锦纶、腈纶、维纶、氨纶、丙纶、氯纶等。

第二节　纺织纤维的鉴别

纤维材料对织物洗涤熨烫效果均有极大影响，因此，涉足洗衣服务业，应首先学会鉴别织物质料。

鉴别织物质料有感官鉴别法、燃烧法、化学法等多种方法。由于化学鉴别法要利用化学药剂或某些特种着色剂来鉴别纤维原料，尽管其准确性高，还可以测定混纺织物的组成比例，但由于所需药剂大多为洗衣业不常用的专用化工试剂，操作也比较复杂，采用较少。着色法只适用于未染色织物，进行鉴别前需除去织物上的染料和助剂，也不太适于对服装纤维进行辨别。所以洗衣业常利用感官鉴别法，配合衣物标签上的说明进行质料鉴别。

感官鉴别法是依靠人的眼观（观察颜色、质地、光泽等）、手摸（感觉厚薄、质感等）来鉴别纤维种类的一种方法。例如：涤棉薄型织物具有滑、挺、爽的手感，而毛织物的手感则比较滑糯。但是由于人的感觉存在差异，而且织物的手感与纤维材料、纱线品种、织物厚薄、重量、组织结构、染整工艺等都有密切关系，因此，感官鉴别法受人为因素影响较大，需要长期实践，反复体会对比，才能比较准确地判断纤维的种类。

1. 棉及棉混纺织物的鉴别

棉及棉混纺织物主要品种有纯棉、涤棉、富棉、维棉、腈棉等。

纯棉织物外观具有天然棉纤维的柔和光泽，织物手感柔软，弹性较差，容易产生折痕，用手捏紧布料有一种厚实的感觉，放松后布面上会有明显的褶皱。从布边抽出几根纱线，解散后仔细观察单根纤维，其形态天然卷曲，纤维较短且细。

棉织物有普梳、精梳与丝光之分。普梳织物外观较为不匀，有一定的粗细节，常常用于中厚织物；精梳织物外观比较平整、细腻，常为细薄织物；丝光织物是棉织物经过丝光处理的，光泽较好，表面细腻均匀。

涤棉织物与腈棉织物光泽明亮、色泽淡雅，手感布面光洁平整，有滑、挺、爽的感觉，手捏布面有一定的弹性，放松后折痕较少且恢复较快；富棉织物与黏棉织物色泽比较鲜艳，光泽柔和，布面稍有不匀，缺乏柔润之感，手摸布面平滑、光洁、柔软，捏紧放松之后布面有较粗的折痕；维棉织物色泽稍暗，且有不匀之感，手感粗糙且不柔和，捏紧布料放松之后的折痕介于前两者之间。

2. 麻及麻混纺织物

麻及麻混纺织物的主要产品有纯麻、涤麻、棉麻、黏麻、毛麻等。

纯麻织物自然纯朴，光泽自然柔和而且明亮，布面有不匀之感，较棉织物硬挺，手摸布面有粗糙厚实之感。

混纺的麻织物中，涤麻织物纹路清晰，布面平整，光泽较亮，手感较为柔软，手捏放松后不易产生折痕；棉麻及黏麻织物其风格与外观介于纯棉与纯麻之间；毛麻织物布面清晰明亮、平整，手感有弹性，手捏放松后不易产生折痕。

3. 毛及毛混纺织物

毛及毛混纺织物的主要产品有纯毛、黏毛、涤毛、锦毛、腈毛等，分精纺毛料、粗纺毛料、驼绒、长毛绒等。

纯毛织物表面平整，色泽均匀，光泽柔和，手感柔软、丰满而富有弹性，捏紧放松后织物几乎没有折痕，即使有折痕也能在较短时间内自然恢复原状，拆出纱线分析，其纤维较棉纤维粗、长，且有天然的卷曲。

精纺毛织物表面平整光洁、精细、纹路清晰，光泽自然柔和，有膘光，手感薄、柔软、滑糯、挺括、丰满而富有弹性，手捏放松后，织物几乎不留痕迹，即使有少量痕迹也能很快恢复。

粗纺毛织物比较厚重，表面有绒毛，表面丰满，膘光足，手感柔软、厚实、滑糯，手捏紧放松后，表面几乎不留痕迹，即使有少量痕迹也能很快恢复。

驼绒（商品名）是以针织物为底布，上面布满短小绒毛，绒毛浓密平坦蓬松，手感柔软丰满，富有弹性。

长毛绒（亦称海勃绒）表面绒毛耸立平齐，丰满厚实。

毛混纺织物中，黏胶人造毛与毛混纺的呢绒一般光泽较暗，薄型织物看上去有棉的感觉，手感较柔软但不挺括，捏紧放松后有较明显的折痕。

涤毛织物光泽较亮，但不及纯毛织物柔和，织纹清晰，手摸织物光滑挺爽，但有硬挺之感觉，弹性好，捏紧放松之后几乎不产生折痕。

腈纶和毛混纺的织物一般织纹平坦不突出，光泽类似黏毛织物，但是色泽较之鲜艳，毛型感较强，手感蓬松且富有弹性。

锦纶与毛混纺的织物，其外观毛型感较差，有蜡样光泽，手感硬挺而不柔软，捏紧放松后有明显的褶皱痕迹。

4. 丝及丝混纺、交织物的鉴别

交织物系指由不同种类纤维的纱线作经线或纬线所织成的织物，例如棉为经、毛为纬则称之为棉毛交织物等。

真丝及真丝混纺、交织物的主要产品有纯真丝、黏胶丝、涤纶丝、锦纶丝等品种。

真丝织物的绸面光泽柔和、明亮、悦目且不刺眼，色泽鲜艳均匀，手感轻柔平滑，富有弹力，用手提起时能自然悬垂，手摸绸面有丝丝凉意，用手捏紧放松后，绸面稍有细小皱纹，干燥的真丝相互摩擦会发出"丝鸣"。

真丝可细分为家蚕丝和野蚕丝两种。桑蚕丝为家蚕丝；柞蚕丝、蓖麻蚕丝为野蚕丝。无论桑蚕丝还是柞蚕丝，由于柔软、吸湿性好，均可作为内、外衣材料，但因薄型材料身骨软，易产生"拔丝"现象，所以清洗护理时应格外小心。

含有人造丝的真丝混纺织物绸面光泽明亮刺目，不如蚕丝丝绸那样柔和，手感滑爽，身骨柔软而带沉甸甸的感觉，不及真丝丝绸轻盈飘逸、挺括。手捏紧放松后折痕又多又深，且不易恢复。

含有涤纶丝的织物光泽柔和明亮，色泽均匀，手感滑爽、平挺，弹性好，用手捏紧放松后，无明显折痕，恢复原状较快。

含锦纶丝的织物在各类织物中光泽较差，绸面有似涂了蜡的感觉，色泽比较暗淡，不太鲜艳，身骨较为疲软，用手捏紧放松后有一定的折痕，但能缓慢地恢复。

5. 黏胶织物的鉴别

黏胶织物是人造纤维织物中应用较为广泛的一种。有棉型织物外观像棉，但手感比棉稍硬，身骨比棉疲软；有丝型织物外观与丝相似，但光泽比真丝稍亮，有点刺眼，手感也有点软；有毛型织物外观仿毛，有毛型感，但光泽有点呆板，手感也显疲软。黏胶织物手触光滑，手捏紧放松后有较深的褶皱，且不易恢复。

6. 涤纶织物的鉴别

涤纶学名为聚酯纤维。一般为圆形截面，外表光滑，有长丝、短纤维及薄膜等几种产品。

涤纶纤维织物应用范围比较广，颜色淡雅，光泽较亮，手感滑爽，手捏放松后几乎不产生皱纹。有仿毛型、仿丝型、仿麻型、仿棉型及仿麂皮型等。仿毛型的主要为精纺毛织物，纹路清晰，手感干爽、硬挺不柔软，外观滑亮；仿丝型的质地轻薄，刚柔适中；仿麻型的外观粗犷，形态逼真，手感挺爽；仿棉型的与仿麂皮型的外观细腻，质地轻薄。

7. 锦纶织物的鉴别

锦纶也叫尼龙 –6 纤维，是聚酰胺纤维的一种。由于制成纤维的每一个单体含碳原子数不同，聚酰胺纤维分为尼龙 –6（锦纶）、尼龙 –66、尼龙 –11、尼龙 –610 及尼龙 –1010 等。

锦纶纤维织物颜色鲜艳，光泽有蜡状感，质轻，身骨疲软，手捏后有明显的折痕。

8. 腈纶织物的鉴别

腈纶学名叫聚丙烯腈纤维，也称作"合成羊毛"、奥纶等。一般制成仿毛制品。

腈纶织物颜色鲜艳，光泽柔和，手感蓬松、柔软，毛型感强，手捏放松后不易产生皱纹。不过一旦产生皱纹则较难消失。

9. 氨纶织物的鉴别

氨纶纤维是以聚氨酯为主要成分的，故也称作聚氨酯纤维，俗称弹性纤维，也有叫作"斯潘达克斯"。在氨纶的结构中，既有柔性链段（高伸长），也有刚性链段（高回弹），断裂伸长可达 550%~800%，回弹性达 95% 以上。

氨纶织物颜色丰富，光泽较好，手感平滑，有较大的伸缩弹性，能适应身体各部位弯曲的需要，不起皱，也不容易产生褶裥。

10. 维纶织物的鉴别

维纶的学名叫作聚乙烯醇缩甲醛纤维，也叫维尼龙、合成棉花等。

维纶织物的颜色不鲜艳，而且有不匀感，光泽暗淡，身骨不够挺括，手感比较蓬松，手捏紧放松后会有明显的皱纹。

11. 丙纶纤维织物的鉴别

丙纶学名为聚丙烯纤维，也有称作"帕纶"的。

丙纶颜色少、单调，光泽有蜡状感，手感粗糙，这是目前的状况，在新的丙纶纤维织物开发、生产后，可能会有明显改善。

12. 其他纤维织物的鉴别

（1）异型纤维织物　异型纤维是化学纤维中的一种，常规化学纤维的截面是不规则的圆形或椭圆形，而异型纤维的截面呈特殊的形状，如：三角形、多角形、三叶形、多叶形、十字形、Y形、T形、C形、H形、X形、扁平形、长方形、哑铃形、藕孔形、中空形等。

异形纤维不仅是形与量的变化，它除具有同类化学纤维的基本性质外，还具有以下一些特性：颜色鲜艳、明亮，光泽柔和、悦目似蚕丝，手感不像一般化学纤维那样光滑，比较蓬松，舒适性、吸湿性较好，但耐皱性略差。

（2）复合纤维织物　复合纤维又称为双组分纤维、共轭纤维和多相纤维。这种纤维的一根丝条上同时保持有两种或两种以上的聚合物，分双层型（又分为并列型与皮芯型）和多层型（又分为并列多层型、放射型、多芯型、木纹型、镶嵌型及云雾状等），它们在性能上互相补充。复合纤维手感蓬松，毛型感强。

（3）裂膜纤维织物　裂膜纤维又分为割裂纤维与撕裂纤维。

割裂纤维是将薄膜切割成一定宽度的条带，拉伸至所需而成的，手感薄、光滑。

撕裂纤维是在割裂纤维的基础上撕裂而成的，手感滑爽，但弹性、延伸性和耐疲劳性较差。

总之，鉴别织物时，应按以下步骤操作：第一观其颜色、光泽，查看布面状态（平滑或粗糙等）；第二摸其身骨，是否柔软、挺括、硬挺等；第三捏紧放松感觉材料对你手的弹力与反应；第四拆其纱线，看长丝、短纤、粗、细、整齐程度等，对类似丝织物还应进行丝鸣判断。

第三节　纺织纤维的物理化学性能

为合理地进行织物的洗涤熨烫，必须在正确鉴别织物纤维的基础上，进一步了解各种纺织纤维在去渍、去垢、清洗以及熨烫护理过程中，所使用的水、溶剂、温度和各种化工材料等对织物纤维的影响。

1. 水的影响

衣物最简捷的清洗方法是水洗。但是，水对各种纺织纤维的影响是不完全相同的。

棉及麻纤维，在水中的强度高于干态时的强度，尤其是麻纤维，由于其成分中含有木质素和果胶质，防水耐腐蚀性比棉还好，因此适宜水洗。

丝纤维遇水强度下降，又因其纤维间摩擦小，彼此固结不牢固，水中洗涤不宜过细揉搓，应大把抓洗、轻揉。

毛纤维与水接触后膨胀，抗拉强度下降（约14%），而且在外力作用下，纤维相互纠缠，黏合更加明显且紧密，导致毛纤维织物长度减小，厚度与致密度增加，织物出现明显的缩水、变形。

黏胶纤维遇水膨胀，织物变得又厚又硬，强度迅速下降，几乎只有干态时的一半左右，所以该种织物经不起水中的多次重揉重搓。但黏胶纤维中的富强纤维，因加强了后整理，改善了织物性能，在润湿状态下的强度提高到干态时的70%~80%，所以用它制作的服装可以进行水洗，而且水洗后也不易变形。

合成纤维一般吸湿率低，遇水不膨胀、不收缩，水洗也不易产生变形。

2. 耐碱性能

耐碱性能是指织物在碱性溶液中纤维受损伤的程度。

棉、麻纤维对常温稀碱有很高的稳定性，甚至在煮沸的碱液中棉纤维的损伤也很缓慢。

黏胶纤维的成分虽然与棉相似，但其耐碱的程度却不及棉。

碱对毛纤维的损伤十分明显，3%~5%的沸腾烧碱溶液即可将羊毛完全溶解，在冷的稀碱溶液中，毛纤维受外力作用会缩绒。

丝纤维对低温稀碱虽不及羊毛那么敏感，但碱性条件，会使丝织物的光泽及手感变差，洗后织物易出现花绉现象。

合成纤维一般耐低温稀碱，但腈纶用碱处理时会泛黄，强度下降，碱的浓度越高，处理时间越长，破坏越严重。涤纶一般耐弱碱，强碱会腐蚀涤纶纤维表面。

3. 耐酸性能

耐酸性是指纤维对酸的抵抗能力。

一般动物纤维的耐酸性能优于纤维素纤维。丝、毛纤维对酸具有一定的稳定性，稀酸溶液对丝、毛纤维几乎没有什么影响，但浓酸会使丝、毛纤维强度下降。

棉、麻、黏胶纤维在无机酸作用下，非常不稳定，酸能使纤维素大分子断裂分解，分解的程度与酸的强弱、温度、浓度等有关。纤维素大分子断裂分解后，纤维强度会明显下降。有机酸对棉纤维的影响不大；麻对酸的稳定性比棉稍好，冷酸对麻几乎不起作用。

4. 抗氧化性能

织物在去渍或水洗时，会常常使用含氯或含氧的漂白剂。典型的含氯漂白剂为次氯酸钠，典型的含氧漂白剂为双氧水。纤维的抗氧化性能系指在氧化条件下纤维的稳定性。

除棉纤维可采用含氯漂白剂之外，麻、丝对氯漂都很敏感，毛和黏胶纤维氯漂时易受损伤。

合成纤维中，多数纤维在氧化条件下稳定，但锦纶不宜用浓氯漂液漂白，需要时可用双氧水漂洗。

所有纤维中，铜氨纤维抗氧化性能最差，既不抗氯漂也不抗氧漂。

5. 抗还原剂性能

还原型漂白剂有掩盖色渍的作用，使衣物上的色渍消失，故洗衣业常用还原型漂白剂（如保险粉等）对衣物进行去渍处理，布草水洗时还常用还原剂脱氯，以减缓或降低白色布草织物泛灰发黄的速度。

各种纺织纤维材料中，除黏胶纤维、丙纶纤维外，其他纤维对还原剂不敏感，抗还原剂能力较强。

6. 抗溶剂性能

各种质料的衣物在去渍或清洗时，常常会使用一些溶剂。为防止某些溶剂对织物造成损伤，应避免在某些纤维面料上使用可能溶解纺织纤维的溶剂，例如，醋酸纤维在常温下能溶于丙酮、冰醋酸、间甲酚、二甲基甲酰胺；锦纶、维纶易溶于甲酸、间甲酚；丙纶易溶于二甲苯等。

7. 耐光性能

在日光的照射下，纤维的强度会有不同程度的下降，了解各种纺织纤维的耐光性能，对门店营业员收活检查至关重要。如果以织物强度下降 50% 为标准，各种纤维的耐光性能如下。

羊毛纤维：1120 小时；麻纤维：999 小时；棉纤维：940 小时；黏胶纤维：900 小时；丝纤维：200 小时。

合成纤维耐光性能优劣排列顺序依次为：腈纶 > 涤纶 / 维纶 > 锦纶 / 氨纶 > 丙纶。

合成纤维中，丙纶耐光性能最差，光照后强度下降，老化加剧。

8. 耐热性能

衣物清洗护理过程中，常常需要进行加热处理。衣物在高温下保持其力学性能的特性称为耐热性能。织物的耐热性能主要取决于纤维的耐热性能，它是织物清洗保养时加温的依据，更是熨烫处理时选择熨烫温度的依据。天然纤维的耐温性能如下。

棉纤维：绝对干态下，120℃逐渐发黄，160℃以上发生分解。

麻纤维：绝对干态下，130℃逐渐发黄，180℃以上发生分解。

丝纤维：干燥状态下，130℃逐渐散发出挥发性物质（丝胶分解），150℃分解急剧，170℃强度下降。

毛纤维：干燥状态下，130℃分解出氨气味，140~150℃发黄，并有硫黄气味。

化学纤维中，黏胶纤维、涤纶的耐温性能都非常好，而锦纶、维纶、丙纶耐热性能较差，锦纶遇热收缩，维纶不耐湿热，丙纶不耐干热，氯纶耐热性能是最差的，温度超过70℃就会产生明显收缩。各种化学纤维的直接熨烫温度参考如下。

黏胶纤维：160~180℃；醋酸纤维：150~160℃；铜氨纤维：150~160℃；涤

纶纤维：150~170℃；锦纶纤维：125~145℃；腈纶纤维：115~135℃；氨纶纤维：120~140℃；维纶纤维：85~100℃；氯纶纤维：45~65℃；丙纶纤维：免烫。

纤维的种类很多，我们掌握了不同纤维的特性，才能对症下药，使用相应的方法，得到最佳的洗涤效果。

第四节　各种纤维在洗涤时的注意事项

1. 棉纤维

棉纤维织物在无机酸的作用下极不稳定，酸能使纤维素大分子断裂水解，致使纤维强度明显下降。酸的强弱不同，浓度和温度不同，棉纤维水解的程度也不一样。如浓硫酸沾染在棉布上极易形成孔洞，稀硫酸沾染在棉布上如立即用水冲洗可免破损。

棉纤维织物对常温稀碱有极佳的稳定性。棉织物不易虫蛀，但易发霉变质。棉纤维可用各种氧化剂进行漂白处理，但仍须注意控制使用得当，否则也会造成纤维强度变差。过度漂白不仅会使纤维氧化裂解，还可能造成过白的织物氧化后变黄。

2. 麻纤维

多数麻纤维的化学性能与棉纤维类似，在热酸中易损坏，在浓酸中易膨润溶解。然而多数种类的麻纤维却具有较好的耐碱性，对碱有一定的稳定性。其他如抗氧化剂作用、耐光照的作用等基本同棉纤维。

3. 毛纤维

毛纤维对酸有一定的稳定性，稀酸对羊毛几乎不会造成损坏，但浓酸、高温、长时间处理也会导致毛纤维强度变差。

碱对毛纤维的损伤极为明显，3%~5%的沸腾烧碱溶液即可将羊毛完全溶解。毛纤维在冷的稀碱溶解中受外力作用会缩绒，故水洗毛纤维织物时切勿选用碱性洗涤剂。潮湿的条件下，羊毛易霉变，易被虫蛀。

4. 丝纤维

丝织物对酸具有较好的稳定性，但比毛差。浓酸可使蚕丝中的丝素水解，而且随着酸浓度的增加、温度的升高、处理时间的延长而加剧。

丝纤维对氧化剂反应强烈，丝纤维中的丝素经高温双氧水长时间处理可彻底分解。氯对真丝有剧烈的破坏作用，故丝织品绝不能进行氯漂。

丝织品的耐光性能是天然纤维中最差的，不宜在阳光下暴晒。纯丝织物（蚕丝）的强度较纯毛织物高，其抗皱性能比毛织物差。丝织物耐热性较毛织物好，丝织品的染色性能和耐光性是各类织物中最差的。

5. 化学纤维

以黏胶纤维为主的面料一般都会缩水。黏胶纤维具有较大的缩水率，第一次下水后的缩水只能够恢复大部分。未经缩水的黏胶纤维面料不宜采用水洗。

含有氨纶的衣物不能烘干。含有氨纶的面料在烘干时会受到损伤，最终产生脆化断裂。因此，带有弹性的面料（即含有氨纶）不可进行烘干。

由于氨纶不宜烘干，故含有氨纶的面料不适合干洗。干洗衣物时烘干是必然程序，但是含有氨纶的衣物不适宜烘干，所以面料中含有氨纶不宜干洗。

氨纶纤维不能耐受氯漂，因此含有氨纶的衣物不能氯漂。氨纶纤维对氯漂敏感，可以造成缓慢的损伤，最终发生破损。所以，弹性面料衣物不可使用氯漂进行处理。

6. 常用服装辅料

（1）黏合衬布，即在棉或涤棉混纺布上，经过热熔处理，涂上一层聚酯、聚酰胺或聚乙烯等不同类型的高分子化合物而制成的。

（2）树脂衬布具有很强的耐水洗性能和保温性能，在韧性和刚度方面也可以和传统衬布相媲美。

（3）传统用衬布中的棉布衬经洗涤后会变软或局部抽缩，麻布衬则具有刚性好、挺实的特点。麻布衬下水后基本不抽缩，仍能保持一定硬度。

（4）毛鬃衬布，是一种高档的衬布材料。多用于呢绒（毛）料上衣的胸衬、肩垫衬等，刚性及弹性好，回复能力强，富有上乘的保型性能。

（5）无纺布衬具有蓬松性，保温性强，以及易干、透气、回弹性好、不走样、轻盈等特点。

7. 常见织物纤维遇水变化

常见织物纤维遇水变化如表 11-1 所列。

表 11-1　常见织物纤维遇水变化

品　　名	伸长率 /%	拉伸强度变化 /%
棉纤维	4	+2
桑蚕丝	46	−14
柞蚕丝	86	+4
羊毛纤维	12	−14
麻纤维	22	+5
黏胶纤维	35	−53

第十二章　连锁洗衣店

近年来，连锁经营在我国呈现出高速发展的态势。据统计，我国的连锁经营业务年增长率达 30% 以上，涉及的行业众多，几乎各行各业都有各种品牌的连锁店。连锁店特指通过规范化经营实现规模经济效益的联合体。

加盟连锁店是一种经营模式，它以复制思想为基础，快速抢占市场份额，最终实现双赢。

连锁洗衣店，是指在总部的统一指导或经营下的洗衣店的集合。连锁洗衣店目前主要分为两种业态：一种是直营连锁，一种是特许连锁。

据调查显示，个人经营独立实体和加盟一个连锁体系的成功率大相径庭。连锁加盟的成功率约为 80%，而自行开店的成功率仅为 20% 左右。因此，连锁加盟创业，成功概率倍增。

连锁加盟不只是简单地使用总部的品牌，其实是连锁加盟总部无形资产的转让。除此之外，总部提供的转让内容还包括：建店支持、技能培训、洗衣店管理、物资供应等诸多内容，以保障加盟商在最短的时间内，获得一整套洗衣业必备的基础知识、操作技能和成功的经营管理经验，尽可能降低投资者的风险，为创业者提供一条通往成功的捷径。

连锁加盟的实质就是复制。复制的前提是要有标准。因此，连锁加盟体系必须具有标准的、详尽的管理规范，否则，将给连锁加盟体系的扩展带来制约。复制的标准要便于拷贝，以确保各连锁加盟店复制的一致性和简单化，并通过培训解决连锁加盟店管理方面存在的诸多问题。

作为洗衣服务的连锁加盟洗衣店，应秉持的经营理念是"诚信务实，服务社会"。这个理念体现的是：以规模化保证价廉，以标准化保证品质，以规范化保证服务。下面，我们从洗衣业连锁加盟总部应秉持什么样的服务理念，提供什么样的服务，通过什么样的方式来实施服务，探讨洗衣业连锁加盟经营以及管理方面的一些问题。

第一节　连锁洗衣店的形式

连锁洗衣店的形式，也可以称为连锁洗衣店的商业模式。商业模式就是公司通过什么途径或方式来赚钱。在这里我们所讲的是非常具体的连锁洗衣店的商业模式。从目前的市场状况来看，主要分为两种：一种是前店后厂的商业模式，另一种是洗衣工厂＋收衣门市的商业模式。应该说，这两种商业模式各有利弊，下面逐一进行分析。

1. 前店后厂的商业模式

前店后厂，顾名思义就是前面是店面，后面就是工厂。店，负责将自己的产品和服务销售给顾客；厂，负责生产出来符合顾客要求的产品。对于洗衣店来说，店就是收衣和取衣的地方，厂就是洗涤客衣从而达到顾客要求的地方。

这样的模式具有以下特点：一是快。前店收了衣服，后厂就可以立刻安排清洗。所以才有了洗衣店最快可提供 1~2 小时取衣服务。在现代社会中，人们的生活节奏加快，所以需要更加便利的清洗服务。二是顾客对生产流程一览无余，将生产环节透明化，可以提高顾客的信任度。三是在洗涤质量和服务质量方面，也可以给顾客提供更好的保证。基于以上原因，前店后厂的经营模式在连锁洗衣店中被广泛应用。但这种模式也存在一些不利因素，首先是管理问题，不足百平方米的面积要完成整个洗衣服务的全部流程，给管理提出了更高的要求。其次，前店后厂要求洗衣店的面积要大一些，在当今房租不断上涨的环境下，这样的模式会消耗更多的房租成本。前店后厂还有一个不利因素是投入比较大。因为每个店都需要配置充足的设备和人员，因此，成本也就大大提高了。

2. 洗衣工厂＋收衣门市的商业模式

洗衣工厂＋收衣门市的商业模式是相对传统的方式，很多传统或地方品牌都采用这样的商业模式，这种经营方式的特点是在全市分布了一些收衣取衣门市，服装的洗涤是在统一的工厂内完成的。这种模式的好处一是可以缩减房租的压力，因为只是一个收衣门市的面积，比前店后厂式小很多；二是可以满足顾客便利性的需求；三是可以对衣物的洗涤实行统一管理，可以减少在洗涤过程中的管理压力。但同时它也有些弊端：一是如果厂店距离较远，取衣时间就会比较长；二是人员和运输成本比较大，管理会有一定难度；三是顾客的个性化需求或加急服务需求比较难以满足。

以上两种不同的商业模式各有利弊。你可以根据自己的需要做出选择。商业模式的选择主要是基于自己资源做出判断的。这里的资源包括资金实力、选址能力、管理能力、洗衣技术能力等。对此这里不详述，我们会在相关问题中提及。

第二节　如何选择洗衣店的连锁形式

如何选择洗衣店的连锁形式，这里需要考虑两个因素：一个是内部因素，一个是外部因素。

内部因素中，需要考虑你自身的优势或者是资源。一方面，如果你有足够的资源，包括资金、人才、管理能力和经验，那你可以考虑采用直营连锁的方式，这样，你不仅可以扎实地占领市场，同时你也可以分享洗衣店长期的赢利回报。另一方面，如果你有管理经验和能力，但没有足够的资源，包括资金和人才等，那么建议你可以考虑采用特许加盟的方式，因为这样的方式可以最大限度地调动加盟者的经营积极性，可以弥补你的资金和人才缺陷。还有一个方面，如果你没有管理经验和能力，也没有资金和人才，那么，建议你还是苦心修炼，进行原始积累，并不是所有的企业都适合马上进入连锁洗衣店的行列，千万不能没有资源硬上。量力而行方为上策。

外部因素中，需要考虑你所在的市场的连锁洗衣店的发展状况和竞争状况。首先，如果连锁洗衣店的发展还不成熟，竞争也几乎没有，那么，迅速扩张你的连锁洗衣店可能并不是上策。因为，在不成熟市场中的先行者，往往充当的是培养顾客、培养市场的老师，大规模的发展可能是得不偿失的。其次，如果市场中顾客对连锁洗衣店已经有了认识，但缺少便利的洗衣店，而且竞争处于初级阶段的时候，建议你可以采用大规模的发展方式，迅速扩张你的连锁店，占领市场。这里可以根据自己的实力采用直营连锁或者特许连锁的方式进行。最后，如果市场已经进入了充分竞争时代，竞争非常激烈，那么建议你还是在仔细分析市场状况后，寻找市场的特殊需求部分进行攻克，针对市场中被忽视的消费需求，去开出满足这部分需求的连锁洗衣店，这种情况下的规模可能是次要的，重要的是特色，因此，采用的方式可以是直营连锁、慢慢发展的策略。

总之，选择哪种连锁方式，主要取决于你拥有什么样的资源和市场的发展状况，各种因素缺一不可。同时，这里的内、外因素也是处于变化之中的。因此，你的策略也应该"随需应变"。跟随市场需要，跟随顾客需要，动态调整你的发展策略，是为上策。

第三节　开好连锁洗衣店的必要条件

要想开好连锁洗衣店，需要具备相应的条件，下面我们逐一地提出来供你参考。

一、必要的资源

无论采用直营连锁还是特许连锁的方式，开好连锁洗衣店都需要有自己的必要资源。总结起来归纳为三个方面：资金、人员、经验。

资金是必要条件，但并不要求一定很多。钱多有钱多的发展方式，钱少也有钱少的做法。大资金可以帮你迅速地扩张，可以让很多连锁店迅速开设起来，但同时会遇到管理的瓶颈和能力的考验。小资金虽然不能迅速扩张，但却可以帮你稳扎稳打地发展，发展一个店，成熟一个店，虽然不能迅速占领市场，但却可以慢慢得到好口碑。

资金是必要条件，但却不是唯一条件。有了资金也未必就能开设成功的洗衣店。相对于资金来说，人员和经验也非常重要。尤其是在洗衣店开始设立和扩张的时候，对于人才和经验的需求往往比资金还要大。人员是连锁洗衣店的支柱，只有训练有素的服务人员，才能将最好的产品和服务呈现在顾客面前，也因此企业才能长久发展，获得赢利。目前，人才和经验已经成为连锁洗衣店的发展瓶颈。很多有了雄厚资金的企业也不能或者不敢迅速扩张，主要是基于连锁洗衣企业人才和经验的不成熟。要想有成熟的人员和经验，一方面可以通过社会招聘完成，另一方面也可以通过企业内训提拔来完成。从经验看，后者比前者可行。

二、准确的市场定位

市场定位是一个广义的概念。在这里明确了以下几个方面：连锁洗衣店的客户定位、连锁洗衣店的产品和服务定位、连锁洗衣店的包装定位等。

1. 连锁洗衣店的客户定位

连锁洗衣店的客户定位，需要根据你的客户群来进行分类确定。市场上的客户，可以分为高端客户、中端客户和低端客户。你的连锁洗衣店要选择哪个客户群呢？不同的客户群有不同的消费习惯和特性，下面对几个客户群进行分析，你可以根据他们的特点进行选择。

（1）低端客户　虽然经济发展了，人们生活水平提高了，但金字塔顶端的人总归是少数，而塔底永远是多数。低端客户的最大特点是人数多，人均消费低。在洗衣日益成为人们的固定消费的今天，大多数人群都有将衣物送到洗衣店清洗的需要，因为总有一些衣物需要送到洗衣店才能清洗。因此，低端客户有足够大的人群。与此同时，由于是收入低的客户，在洗衣店的消费不会高，主要的赢利模式策略，应该是薄利多销。

（2）中端客户　中端客户的人数处于中间状态，这部分人的消费额也是中间状态。因此，相对来说比较难以把握。中端客户的消费也处于游离状态，有时候的消费偏高一些，有时候偏低一些，而对于连锁洗衣店来说，给这部分客户提供服务，你要好好考虑一下自己的营销策略。稍有闪失，可能就会错失你的顾客。同样的，顾客消费的偏高和偏低，也可能导致顾客的忠诚度相对有限。因此，主打中端客户的连锁洗衣店，要在开设初期做充分的客户定位预测，才更安全。

（3）高端客户　高端客户在金字塔的塔尖上。这部分人群虽然少，但他们的消费额可不小。在商业中总会提到"二八原则"，就是20%的客户为你创造了80%的利润。这里的20%指的是忠诚顾客群，但不能否认的是，这20%的客户中高端客户还是占有很大比例的。相对于高端客户来说，定位你的产品和服务也相对简单。只要公司不断地追求卓越，那你的产品和服务就会越来越受到高端客户的喜欢，并能不断提高顾客忠诚度。

在商战进入了残酷竞争阶段的今天，任何一个客户群体领域的商业竞争都非常激烈。你在寻找和定位自己客户的时候，除了在低、中、高端上加以区分以外，还可以做的一点是：寻找市场中的特殊需求客户群。无论是低端客户群，还是中端或者是高端客户群，总有一部分人的需求没有得到充分满足，而这部分人正是你可以挖掘的消费对象，同时也是你差异化产品和服务的买单者。当然，寻找特殊需求客户群并不是一件容易的事情。

2. 连锁洗衣店的产品和服务定位

有了对客户的选择，那么连锁洗衣店的产品也就可以确定了。这里的产品指的是广义的产品，其中包含了有形的产品和无形的服务。连锁洗衣店的赢利主要依靠两个方面：一个是产品，另一个是服务。目前的连锁洗衣店，这两个方面也是并存的，只不过是大家的侧重点有所不同而已。无论是偏向于有形产品还是偏向于无形服务，都有各自的优势和劣势。但从目前的市场状况来看，未来的发展方向还是要向服务要利润。下面就对这两个方面进行分析。

（1）有形产品　连锁洗衣店的有形产品当然就是衣物的清洗服务了。目前普遍包括的项目为：干洗、水洗、洗皮，部分洗衣店还提供湿洗（湿洗是目前比较先进的洗衣技术，主要清洗干洗和水洗效果不好的衣物）服务。当然也有一些洗衣店在店内同时提供修补、皮鞋护理等服务。这些服务都是洗衣的相关服务内容，但如果服务项目繁杂，就会有不专业的感觉，因此企业也要量力而行。

（2）无形服务　连锁洗衣店的无形服务指的是向顾客提供产品的过程中所体现出来的服务。这里包括的方面有很多，比如：店面形象、店内陈设与卫生、服务人员素质、服务的水平等。无形服务是软性的，也是最难以把握的。目前的有形产品竞争几乎到了极致，大家的产品的同质化越来越严重。那么，服务的差异将是未来竞争的一个关键点。

3.连锁洗衣店的包装定位

根据不同的产品和服务的定位，你的洗衣店的包装也就有了方向。这里讲的包装并不是一个礼品的包装，这里指的是一个融合了企业形象设计、企业文化、企业理念、企业设备、企业人员、企业管理、企业标准等内容的庞大系统。连锁洗衣店的包装基本有以下两个方面：第一，专业型包装（工厂式）；第二，温馨型包装（家庭式）。

（1）专业型包装　专业型包装的总体要点，是让你的顾客感觉到你的洗衣店是专业的洗衣店。专业可以表现在你的店面装修、视觉识别、洗涤设备、服务人员素质和能力、企业标准等方面。一般来说，专业型包装的洗衣店一般从形象上看，一眼就能知道是洗衣店，而且提供的服务也比较单一，店内的服装洗涤质量标准比较高，洗涤人员经过了严格的培训，所有这些都导致了提供给顾客的洗衣产品和服务要更专业一些。

（2）温馨型包装　温馨型包装的总体要点是：让你的顾客感觉到你的洗衣店有种温馨的家庭感。同样的，温馨也可以表现在你的店面设计、视觉识别等方面。但要注意的是，不一定温馨型就意味着你的设备不需要专业，你的服务人员素质要求不高。真正意义上的温馨型包装，是建立在高品质基础上的温馨。这个要求相对来说是个更高更难的要求。

三、可复制性

在确定商业模型的过程中，我们要确定以上几个重要部分的定位。但无论是哪个环节，我们都需要注意连锁洗衣店不同于其他形式洗衣店的一个始终如一的特点，就是"可复制性"。在任何设计中，都要考虑到连锁的灵魂是"可复制性"的。如果你的设计不能复制或者是复制的难度比较大，或者复制后的可持续性比较差，都不适合连锁洗衣店来应用。

连锁洗衣店的可复制性，大体可以分为以下几个方面：经营模式的可复制性、设备的可复制性、视觉识别系统的可复制性、操作标准的可复制性、企业文化的可复制性。这里所谈及的问题可能不包含连锁洗衣店的所有方面，但至少做到这几个方面，顾客会基本认同你是一家连锁洗衣店。连锁的核心其实就是"可复制性"。我们通常可以用三个统一来形容连锁洗衣店：统一的店面形象、统一的操作标准、统一的企业文化。统一的店面形象，其实就是统一的经营模式，包含前店后厂或者是洗衣工厂＋收衣点的模式，还包括店面的统一装修，包含企业LOGO和其他企业形象标记等。统一的操作标准，其实是建立在统一的设备和统一的操作上的，只有这样，洗涤出的衣物才能保持统一的品质。统一的企业文化是指企业的价值观在每个员工的心中基本一致，这样才能保证在向顾客提供产品和服务的时候做到统一。应该说，"可复制性"是连锁洗衣店的灵魂。

第四节 开展加盟连锁的操作方式

所谓连锁加盟，即是品牌、技术和经营管理等标准化模式的克隆与复制。除此之外，连锁加盟总部还要负责加盟店所需的各种物资器材的调配、供应以及对各加盟店进行必要的检查、督导和控制，以确保加盟连锁体系迅速扩张，占领市场。

连锁经营的方式主要有两种：一种是直营，即由总部投资，在另外一个地方开设另外一家一模一样的分店，二者具有产权隶属关系；另外一种为加盟，是总部转让品牌使用权，经过对各加盟商进行培训，使各加盟商在服务内容及质量标准、经营管理模式等各方面和总部保持高度一致，加盟方出资金、人员、场地，并有偿使用总部的品牌，双方共存互动、共创互利，但二者没有产权隶属关系。洗衣业开展的连锁加盟大多属于后一种方式。

企业经营的核心是利益，连锁加盟总部和加盟商必须实现双赢才能使连锁加盟体系得到巩固和发展。为此，总部在转让多年辛苦创立的品牌、技术和管理模式的同时，要严格选择加盟商，加盟关系一旦确立，无论操作规范还是经营方式，总部都要给予严格的规定。作为受许方的加盟商，绝不应认为自己就是花钱买别人的品牌，认为除了按总部要求布置自己的店堂，其他方面自己想怎么干就怎么干，与总部无关。共同的事业观才是成功的基础和关键，总部和加盟商"一荣俱荣，一损俱损"。

一、品牌及实用技术

"良禽择木而栖",作为连锁加盟总部,拥有较高知名度的商标品牌是毋庸置疑的。连锁加盟总部的商标和品牌,是维系加盟连锁体系的纽带,是无形资产转让的重要组成部分,是实现双赢的必要条件。任何一个有头脑的人都不会把自己的未来发展寄托在不具有市场影响力的品牌上。只有借助于具有市场发展潜力的品牌,连锁加盟体系内的品牌所有者才可能实现双赢。

连锁加盟是以品牌连锁为核心的品牌扩展方式。为使连锁加盟体系得以正常发展,连锁加盟体系不仅需要塑造统一的外部形象,还需要有维系品牌内在质量和外在形象的实用技术及管理规范,包括洗衣店的门店营业、衣物清洗护理工艺手段、洗衣店的经营模式、控制管理方式等使加盟店获利的技术措施和实用技能,这是洗衣业品牌经营的灵魂所在。

如果连锁加盟总部没有条件或没有能力把这些使加盟商赢利的技术、知识和实用操作技能传授给加盟商,或者加盟商未能熟练掌握这些支撑品牌的实用技术与经营管理方法,那么,作为品牌连锁的加盟体系就很难实现双赢。

二、"样板店"

为规范国内各行业开展加盟连锁的商业行为,国家有关部委早就颁发了相关文件(见《商业部特许经营管理办法》商业部令 2004 年第 25 号)。文件除了对特许方(连锁加盟总部)的主体资格、授权转让内容、参与连锁加盟双方(特许方和受许方)的权利和义务等作出了明确规定外,还特别提出开展连锁加盟的总部,必须具有两家以上的"样板店"才能允许开展加盟连锁经营活动。

"样板店"的基本作用是验证将要复制的连锁加盟体系的经营项目、管理模式是否可行。只有总部"样板店"的业务红红火火,经营管理井井有条,当加盟方复制的经营条件与总部"样板店"的试验条件一致时,才能确保加盟方取得成功。此外,总部"样板店"还是新加盟商的培训基地。例如洗衣店如何开展营业活动,如何对各种质料的衣物进行清洗、护理、熨烫,洗衣店如何对员工进行培训、管理,洗衣店如何应对顾客的投诉等,诸如此类的种种问题,加盟商在总部

"样板店"均需获得较为满意的答案。所以，总部在不同经营环境条件下，"样板店"的数量越多，经营时间越长，加盟商可能承担失败的风险越小。

三、连锁加盟总部的组织机构

为了维护和确保加盟连锁体系的健康发展，加盟连锁总部服务团队的作用是至关重要的。

在加盟连锁体系中，连锁加盟总部是统帅众多加盟店的大本营，承担着市场开发、筹建策划、技能培训、驻店支持、检查督导、物流配送等多项经营管理职能，以便为加盟体系的高效运转创造条件。

试想，如果连锁加盟总部不加选择地招募加盟商，只注重收取加盟费，而不着力保障加盟者素质、技能的提高；只关注加盟店的外在形象，而不在经营管理、技术支持上下功夫，甚至无视品牌的价值，仅为了眼前的既得利益而贱卖品牌，这样的总部谁敢加盟？即使加盟后又会落得何种结果？

所以，作为开展连锁加盟的总部，除了要设置任何行业都需要的市场开发、财务部、行政部等部门之外，还必须设立筹建策划、技能培训、驻店支持、检查督导以及物流配送等开展连锁经营所必需的部门，以适应服务的需要。

1. 筹建策划

该部门的主要功能是协助准加盟方进行市场调查、店址选择、经营评估、投资预算、设备配置、人员配备等诸方面的工作。除此之外，双方的加盟协议一旦签字，该部门还应依据连锁加盟总部规定的标识、图案等，协助加盟方进行店面形象方面的设计工作。

2. 技能培训

该部门是连锁经营体系中重要的核心部门之一。该部门除了按照总部设置的经营项目、经营理念等对加盟商进行必要的职业技能、经营管理方面的整体培训之外，还应依据不同层次加盟商的不同要求，进行有针对性的强化培训。我们知道，洗衣行业的服务水平和服务质量，不仅取决于员工良好的职业道德、认真负责的工作态度，还需要员工具备丰富的实践经验和娴熟的操作技能。为此，连锁加盟总部进行的技能培训，不光是基础知识方面的灌输，更应强调实际操作方面的演练。此外，总部对加盟商进行的培训，不仅要关注职业技能方面的培训，更要突出服务意识、质量意识和环保意识。

3. 驻店支持

该部门的工作实际上是技能培训的延伸、补充、完善和提高，也是连锁加盟总部根据不同加盟商的不同经营条件（经营环境、员工素质、消费状况等），协助加盟商开店运营，对加盟商实施洗衣店经营管理方面的实战演练，以确保加盟店的经营运作得以正常进行。为此，总部派出的驻店支持人员，应具备较高个人素质、有较强组织能力，还应具有扎实的业务操作技能和突出的应变能力。

4. 检查督导

该部门的主要职能是对各加盟店的经营运作实施监控和帮助，确保加盟店的外在形象、服务质量、经营管理等各方面的工作和总部保持一致，以便使加盟连锁体系的品牌得到加强和扩展，同时使加盟店的经济效益和社会效益得到有效保障。

5. 物流配送

物流配送体系是发展连锁加盟的必备条件之一。总部的集中采购（或自行生产）有利于降低成本，而及时准确的配送则确保了各加盟店的高效运行。所以，物流配送既是连锁加盟总部的后勤部，也应成为加盟连锁体系中各加盟店的后勤保障部门。

发展连锁经营的关键靠服务，服务功能的优劣是决定连锁经营发展速度快慢的主要制约因素。为此，每个开展连锁经营的总部都十分注重自身服务功能的建设。任何一个顾客（包括我们自己）在接受服务之后，都会把自己的亲身体验和感受与原来的预期相比较，如果某个有投资意向的加盟者，他（她）的感知服务得到满足或超过预期，他（她）就会毫不犹豫地加到你的连锁加盟体系中来。所以，健全连锁加盟总部的组织机构，配置完善的培训、服务体系，不断提高连锁加盟总部的服务功能，是洗衣业开展连锁经营的重中之重，也是公众判断连锁加盟总部实力的主要依据。

第五节 连锁经营的技能培训手册和管理规范

"一流的企业做标准，二流的企业做品牌，三流的企业做市场。"这是业内众多有识之士评论连锁加盟总部层次时常讲的话题。

连锁加盟的本质就是复制，要复制就要有标准。为此，作为开展连锁加盟的总部，除了制定必备的招商手册之外，还应制定对职业技能培训有指导作用的培训手册，以及各种切实可行的规范和标准。这些手册、规范和标准不仅有助于总部经营诀窍的传递，节省大量的人力资源，更重要的是，通过这些规范和标准的实施，可以确保连锁加盟体系一高效地运行。

加盟连锁总部应制定的手册和规范文本一般分为两大类：一类是职业技能方面的技术培训类手册，另一类是规范行业行为、促进加盟店经营管理的运营管理规范文本。此外，为便于各加盟洗衣店及时准确地定购各自需要的各种去渍材料、清洗材料、皮革制品护理保养材料等物品，总部还应制定相应的洗衣业常用的化工产品说明书。

一、技能培训类手册

尽管不同规模洗衣加盟店的经营项目略有差异，但作为开展连锁加盟的总部，制定的技能培训类手册一般应包括以下内容。

1. 服务手册

洗衣业是人们日常生活中不可或缺的、直接面向大众的服务性行业。随着市场竞争的加剧，人们消费观念的转变，顾客维权意识的增强，优化服务意识、美化服务环境、增加服务项目、强化服务功能、提高服务效率是确保洗衣店稳定发展的必由之路。为此，总部应制定相应的服务手册，向加盟商诠释服务定义，讲解服务特点，认识服务层面，介绍服务礼仪，训练服务技能，巧妙应对顾客投诉和冲突。

2. 门店营业员手册

门店营业员是洗衣店的形象大使。他们的一言一行、一举一动，不仅体现了洗衣店的管理水平、经营理念，也反映了洗衣店员工的精神面貌和整体素质。从为顾客服务的角度讲，门店营业员不仅是洗衣店的工作人员，更是顾客的生活顾问和洗衣高参。故此，开展洗衣业连锁加盟的总部，不仅要关心洗衣连锁店的形象设计与营业环境，更应注重门店营业人员的选拔、教育与培养。

随着我国改革开放的发展，国际交往的加强，世界各国的友人会越来越多，各种品牌的进口服装也会日益增加。为适应这方面的工作，洗衣店的营业人员还应学会至少一门外语。所以，开展洗衣业连锁加盟的总部，还应对加盟商进行外语学习的培训。

3. 职业技能培训手册

洗衣业虽是劳务型服务行业，手工操作比重大，但涉及学科门类多，需要了解掌握的基础知识十分广泛。实际工作中，不仅要认识各种衣物面料，分辨衣物污渍污垢的种类，采用相适应的去渍去污材料和操作工艺，更应熟知衣物干洗、水洗的不同特点、操作技能以及衣物熨烫的本领和技巧。开展真皮制品护理保养的洗衣店，服务团队中的员工还应做到正确识皮，掌握各种皮革化工材料的性能及应用方法，正确合理地对各种真皮制品——皮衣、皮鞋、真皮沙发、汽车坐垫、真皮箱包进行清洗、护理、修饰、保养。所以，开展洗衣业连锁加盟的总部，不仅要进行各种实用操作技能的技术培训，更应编制详细的技术培训资料——《职业技能培训手册》，以帮助加盟商不断提高职业技术素质和工艺操作的熟练程度。

4. 设备使用维护手册

随着人类社会的进步和现代科技的发展，洗衣业的机械化、自动化水平不断提高，各种各样的现代洗衣设备不断涌入洗衣市场。作为洗衣业的员工，应该熟悉了解常用洗衣设备的结构、原理、性能、使用操作和维护保养方法，对各种常用的洗衣设备，不仅要做到心中有数，运用自如，还要能对设备运转过程中可能出现的各种故障及时进行处理。总部在对加盟商进行技能培训的过程中，洗衣设备的使用、维护、保养应该是不可或缺的内容。

5. 化工材料选择应用手册

洗衣店运营过程中，会用到各种各样的去渍材料、清洗材料以及皮革制品护理保养材料。熟悉、了解各种化工材料的性能、特点、配伍以及应用方法，不仅是洗衣员工应掌握的技能，也关系到衣物制品的清洗、护理、保养质量问题。总部在对加盟商进行技能培训时，除提供相应的产品说明书之外，还应编制相应的培训资料，以便对各种化工材料的组成、配伍、性能及应用方法进行详细的介绍，帮助加盟商提高业务技术水平。

二、洗衣店的经营管理规范文本

为了使加盟体系内的洗衣店有序运作，连锁加盟总部不能靠经验，更不能靠权力，只有科学而规范的管理才是优质服务的保证。正因为如此，开展加盟连锁的总部，必须编制相应的管理规范。连锁加盟总部编制的管理规范一般应包括以下几类。

1. 职责类管理规范

初具规模的洗衣店一般要设置若干岗位或部门，为明确各部门或各岗位的职责范围，总部应制定相应的管理规范，如洗衣店干部管理规范、业务人员管理规范、门店营业人员管理规范、洗衣店物资管理规范、洗衣店财务管理规范、机动车驾驶员管理规范、营业环境管理规范、员工宿舍管理规范等。

2. 程序类管理规范

为确保连锁加盟体系内各加盟店的经营运作规范化、标准化，总部应对洗衣店各部位、各工种的工作程序、操作顺序、工艺流程等制定相应的工作规范，以作为洗衣店经营运作过程中各部位、各环节的行动指南。例如衣物收发操作程序、衣物保管运输操作程序、衣物水洗工艺流程、衣物干洗工艺流程、真皮制品保养工艺流程、衣物熨烫工艺流程、故障衣物处理工作流程以及应对投诉工作流程等。

3. 标准类制度要求

品牌经营的核心是质量。所以，连锁加盟总部应制定相应的标准，以促使各洗衣加盟店服务规范化、质量标准化。例如，营业环境卫生标准、门店营业服务标准、衣物水洗质量标准、衣物干洗质量标准、真皮制品清洗护理质量标准、织物熨烫质量标准、洗衣设备使用维护要求等。通过各类标准和要求，强化质量意识，建立严格的质量评估体系。

4. 考核类规章制度

"没有规矩，不成方圆"，这是人人皆知的道理。为规范员工的行为，使各加盟洗衣店有序运作，必须以规章制度为依托，将各种工作规范、标准、要求细化、量化、具体化，将其渗透到洗衣店经营管理过程中，变成员工的自觉行动。考核类规章制度包括：各部位、各工种的劳动纪律、考勤制度、设备维护保养制度、政治学习制度、民主生活会制度、业绩评议制度等。

5. 奖惩类规章制度

影响洗衣店经营运作的诸多因素中，人是第一要素。洗衣店的社会效益、经济效益、服务质量与服务水平，很大程度上取决于员工的职业道德、工作态度和操作技能。为奖优罚劣，激励先进，总部应制定相应的奖惩条例和激励策略，协助各加盟商指导和控制员工的行为，激发员工的工作热情和内在潜力，使员工把自己的智慧、能力和需求与洗衣店的全面进步紧紧结合起来，进而促进连锁加盟体系的发展。

榜样的力量是无穷的。树立典型，表扬先进，会极大地增强员工与洗衣店同呼吸、共命运的事业心与责任感。然而值得注意的是，洗衣服务是依靠各工种的协作来实现为顾客服务的目标的，强调的是整体性，全体团队成员应该为改进服务态度、提高服务质量而全力以赴。

应该指出，各种制度和管理规范，不应该一成不变。随着连锁加盟体系各方面工作的开展，总部制定的各种手册、规范、制度、要求等，应该不断进行改进和完善，才能适应连锁加盟事业发展的需要。

第六节　如何开好连锁洗衣店

要开好连锁洗衣店，需要了解其经营分类。连锁洗衣店的运营模式为连锁经营。连锁经营是通过一定的联结纽带，按照一定的规则，将众多分散孤立的经营单位联结在一起，并按照一定的规则要求运作。

一、连锁经营的分类

连锁经营可分为以下三种：直营连锁、自由连锁和特许经营。

1. 直营连锁

直营连锁是指连锁公司的店铺均由公司总部全资或控股开设，在总部的直接领导下统一经营。总部对各店铺实施人、财、物及商流、物流、信息流等方面的统一经营。洗衣直营连锁作为大资本动作，利用连锁组织集中管理、分散销售的特点，充分发挥规模效应。

2. 自由连锁

自由连锁也称自愿连锁。连锁公司的店铺均为独立法人，各自的资产所有权关系不变，在公司总部的指导下共同经营。各成员店使用共同的店名，与总部订立有关购、销、宣传等方面的合同，并按合同开展经营活动。在合同规定的范围之外，各成员店可以自由活动。根据自愿原则，各成员店可自由加入连锁体系，也可自由退出。

3. 特许经营

特许经营是一种特殊的商业模式。特许经营又称加盟连锁，是连锁经营的一种，是指通过签订合同，特许人将有权授予他人使用的商标、商号、经营模式等经营资源，授予被特许人使用；被特许人按照合同约定在统一经营体系下从事经营活动，并向特许人支付特许经营费。双方的合作基础分别是特许人的知识产权和经营模式，以及被特许人的投入资本。特许人一般会通过合同掌握特许加盟店的最终管理权，而被特许人对自己的投资拥有所有权。双方通过合作各自取得收益。

值得注意的是，特许经营中特许人和被特许人之间并没有隶属关系，双方并非母子公司，也不是合伙人，亦不属于代理。确切地说，是特许人把自己的商标标志和管理技术等知识产权授权被特许人有偿使用，由此以整体统一的商业形象和管理模式对外营业。而对于所有的被特许人来说，彼此之间是没有直接关系的。

二、直营连锁

上面我们介绍了连锁洗衣店的几种不同的连锁方式。我们常见的就是直营连锁洗衣店和特许连锁洗衣店。下面首先来认识一下直营连锁洗衣店。

直营连锁就是连锁总部旗下的连锁洗衣店中采用统一管理，总部自己直接经营的模式。直营连锁洗衣店的特点是统一管理、统一经营、统一收益。同时，经营风险也同时由总部来承担。

直营连锁洗衣店的主要赢利点来自企业开设的洗衣店每个单店的赢利之和。同时，亏损也由连锁企业总部自己承担。这样的赢利是可持续的，随着企业单店经营的好转，从长期来看，收益还是相当可观的。但是，单店开设的前2~3年，可能需要培养市场，因此，前期可能要承担继续投入或者亏损的风险。同时，直营连锁洗衣店会消耗企业大量的现金，对现金流不太充裕的企业来说，可能存在问题。

直营连锁洗衣店的经营和管理是统一的，全部由企业总部派出管理者和招聘店员，这就大大地考验了企业的经营和管理能力。由于连锁洗衣店开设的地域一般都比较广，因此，企业经营和管理的本地化是个难题。总部派出的员工不能长期在异地工作，这就要求洗衣店要尽快本地化。与此同时，对已经本地化的异地连锁洗衣店的管理也是个难题。当然，也可以建立各地的分公司，但这样成本也会增大。

要想做好直营连锁洗衣店，必须建立两个重要的系统，它们是培训体系和管理体系。

1. 培训体系

培训体系是洗衣连锁企业的重要支柱，尤其是直营连锁洗衣企业的重要支柱。因为，庞大的连锁系统需要大量的员工，而想要直接从社会上招收到自己企业需要的满意的员工几乎是不可能的。即使可能，也需要支付高额的工资。因此，企业内部培养人才是直营连锁洗衣店的一个主要人才输送渠道。而人才的培养需要一个过程，比如培养一个合格的店长就远远不是三五天或者是三五个星期的事情，可能要半年甚至一年的时间。同时，员工的培养也需要一套体系和方法，这样才能让员工迅速成为企业所需要的人才。

培训体系是企业人力资源管理的一个环节。一个好的培训体系，其实也牵连着一个完善的人力资源管理系统。这里包括员工的招聘系统、员工培训系统、员工考核系统、员工激励系统、员工的职业生涯设计系统等。只有在这样一个高效的系统下，培训体系才能最大限度地发挥它的作用。否则，只有一个完善的培训体系，而没有设计好每个员工的"来"和"去"的问题，还是无济于事。

通常来说，培训体系的建立不可能一蹴而就，通常要经过一个比较长的磨合过程。因此，建立起一个优秀的连锁系统，尤其是一个直营连锁系统应非一日之功，要有"冰冻三尺，非一日之寒"的心理准备。所以，对于初建的直营连锁洗衣系统，不能贪图速度，要把握好发展的节奏，在做好充分准备的情况下，有步骤地实施自己的培训计划，才是制胜之道。

2. 管理体系

人才培养好了，我们就要用好人才。而人才的使用中，我们要做好人的管理。除了人的管理以外，对于直营连锁洗衣企业来说，管理体系的建立也是非常重要的。因为，直营洗衣连锁企业不仅要管理好人，还要管理好钱和物，以及洗衣操作的标准化。通常来说，连锁体系都是比较庞大的，由众多的直营连锁洗衣店组成，而连锁店的分布也是遍及全国各地，甚至是世界各地的。如何解决对所有门店的远程管理，或者是管理的有效落实，是直营连锁洗衣企业的一个发展瓶颈或者是难题。很多直营连锁洗衣企业就是由于管理的问题，而匆匆收场。

目前来说，要实现对所有门店的有效管理，通常的做法是在开店初期，总部直接派驻经验丰富的员工进行建店，等店成熟起来或者是培养出合适的接替人员以后，总部的人员才撤回。而对于一些店铺比较集中的大中型城市，直营连锁洗衣总部也有可能建立一个地方分公司进行管理，以分公司来管理一个城市或者是这个城市所能辐射的一个地区的连锁店。

对于管理的模式，通常的做法是多管齐下。除了直接管理以外，还会设计一些第三方的监管系统。比如神秘顾客系统、社会调查系统、顾客满意度调查系统等。这些方法都是为了更好地实施管理。

直营连锁洗衣企业的竞争其实在很大层面上来说是培训的竞争和管理的竞争。对于直营连锁洗衣系统来说，在这两个部分的投入将是打造企业核心竞争力的根本，也是必须大力投入的方面。直营连锁洗衣系统如果没有优秀的培训体系和管理体系，发展的规模再大也只能是空中楼阁。

三、加盟连锁

加盟连锁也可称作特许经营。目前市场中快速发展的洗衣店大多都是采用了特许经营的连锁方式。这种模式在 20 世纪 90 年代初开始在中国传播，发展速度很快。尤其是连锁洗衣店采用特许经营的方式，目前的发展势头非常好。

特许连锁洗衣店的最大特点是：快。通过特许的方式，连锁洗衣店总部可以快速地将自己的店开到全国各地，甚至是世界各地。这种快速的复制可以帮助企业快速地扩张，从而占领更大的市场。如果经营得法，可以迅速建立品牌知名度和美誉度，从而获得更多忠诚顾客。特许连锁洗衣店同样需要进行统一的标识和统一的培训，以及进行统一的企业文化建设。

特许连锁洗衣店区别于直营连锁洗衣店的最大特点是，每个特许洗衣店是由加盟者自己来承担管理和经营的，这也正是特许经营的生命力所在。由各个加盟者在总部的指导下自主经营，可以充分发挥加盟者的能动性，并且可以利用加盟者好的地缘基础和广泛的社会关系，使企业经营在地方得以迅速发展。比起直营连锁洗衣店来说，特许连锁对于连锁总部的考验不是管理和经营能力，而是持续培训和监督管理能力，以及出现问题时的处理能力和关系维系能力。人们常常说特许经营类似"商业婚姻"，的确是一种比较复杂的依存关系。这种关系在一纸合同的维系下，可以存在也可以随时解除。这就要求双方能够有统一的价值观，才能走得更远。因此，"选择"对于特许经营来说也是非常重要的一关。有时候，选择比努力更重要。选择到一个好的加盟者，可能会使以后节省很多关系维系成本；反之，则会带来更多的难题需要解决。

下面我们就对加盟连锁做详细的分析。这里所提及的加盟连锁是一个比直营连锁更加庞大的系统。要想做一个成功的加盟连锁洗衣系统，除了要做好直营连锁中提到的培训体系和管理体系以外，还需要做好加盟体系及支持体系。

1. 加盟体系

加盟体系是加盟连锁系统第一个要建立的体系，连锁洗衣店的加盟体系是一个将加盟者引入系统的过程。这里包含了以下几个方面的工作：加盟宣传及推广，加盟者的筛选，考察与确定，店址评估，店面设计，装修及设备验收，开业指导，开业宣传策划。

加盟宣传及推广是加盟总部必须要做的工作。通常，连锁洗衣店的加盟推广途径主要是通过参加会展、平面媒体推广、电视媒体推广等，近年来开车的人越来越多，通过广播系统推广也越来越多了。与此同时，网络不断普及，网络推广已经成为近年来连锁洗衣店加盟广告推广的一个重要途径。除此以外，连锁洗衣店的每个已经开设的门店，也是一个重要的推广方式，是免费的广告牌。

加盟流程中的第一个问题就是加盟者的筛选，这个环节很重要。并不是所有的加盟者都适合加盟你的连锁洗衣店。盟主需要从加盟者的工作背景、资金实力、管理能力、个人喜好，以及与企业自身的企业文化和理念是否符合等几个方面进行筛选。但所有考察项目也并不是越强越好。比如资金实力，资金太少不行，资金太多其实也并不太适合。太多的资金可能导致加盟者对洗衣店生意不重视、不用心，往往导致经营失败。因此，加盟者筛选一定要慎重。

店址的选择在非完全竞争状态下，几乎很大程度上决定了一个洗衣店的生意状况。顾客对连锁洗衣店的便利性要求很高。因此，便于顾客消费的洗衣店，或者说洗衣店所在商圈内有足够的目标顾客是一个非常重要的指标。同时要注意的还有商圈与商圈的交叉和距离，这样才能最大限度地保护总部与加盟者的利益共享。店址评估是个复杂的过程，通常来说，店址评估需要通过一系列的表格完成，需要加盟者和总部共同进行调查，好的店址一定是经过精挑细选得来的。

店面设计是开店前的一个重要环节。很多加盟总部都是会提供设计的思路和图纸的，一般是由加盟者自己来承担施工的任务。店面形象是连锁洗衣店的重要标志，一定要保持一致。因此，在店面设计上加盟总部需要严格把握质量，控制每个细节，一定要符合企业的视觉识别系统的规定。而给加盟商提供的设计图纸需要非常详细，这样才可能尽量避免出现错误。

店面设计装修后，总部要进行验收，有不符合要求的地方要马上进行修改，保持与总部设计一致。验收合格后，就要引进设备，设备验收合格后，总部进行的初期培训也基本完成，就可以准备试营业，带店工作同时进行，并可以开始进行一些开业的宣传工作。开店的指导包括初期的培训和发放一些指导手册及光盘。现在，很多企业已经采用使用音像教材的指导方法，就是将很多手册转化成有影像的光盘，这样的指导看起来更加可行有效。

2. 支持体系

支持系统是一个完善的加盟连锁洗衣店系统所必备的条件。这个条件也是衡量连锁总部成熟与否的一个重要指标。值得信赖的连锁总部，一定有一整套支持体系。其中包含了洗衣技术支持、经营管理支持、广告宣传支持、营销策划支持、督导支持、原辅材料配送支持等。

洗衣技术的支持在加盟连锁中显得很重要。服装面料在不断地发生着变化，同时洗衣技术也要与时俱进、不断提高才能满足服装材料和设计更新的要求。加盟店会经常遇到一些特别的面料而不知道如何洗涤，这就需要洗衣连锁总部有强大的研发能力，找到解决问题的方法。

经营管理支持，需要总部不断将好的经营管理案例和方法传递给加盟店。可以通过网络和普通的印刷品的方式，也可以通过召集集体学习或者是召开区域的研讨会的方式。加盟者可能具有一定的管理经验，但对于洗衣行业本身的经验大多数是不足的，所以经营管理的支持就显得特别重要。而且，加盟连锁洗衣店是由众多加盟者组成的，那么大家的所有经营和管理心得及好的方法也可以通过学习互相传递，从而实现共享—互助和共创—互利的目的。

广告宣传支持是加盟连锁洗衣店总部的一项支持，有的特许经营合约也规定了加盟商也要承担一定的广告宣传义务。选择什么样的媒体进行广告宣传支持，则成了一个焦点问题。传统的广告主要是电视和平面，但近年来的广告费用越来越高，使得很多连锁加盟总部无法承受，或者只能零星地做一点宣传，而达不到宣传效果。因此，建议广泛使用类似网络这样的新媒体，可能会有意想不到的效果。

营销策划和信息共享也属于连锁总部提供的服务项目。全系统范围内好的营销策划活动，会大大提高品牌的知名度。信息共享可实现系统内的共同发展，技术和服务创新则会给加盟店带来新的竞争力。

定期的寻访督导是提高服务质量的有力保障，但此项服务会消耗大量成本。要想做品牌，此项费用不能节省。

在经营过程中要使用大量的耗材。很多耗材是需要总部来统一配送的，只有这样才能保证服务质量的一致性。

总之，对任何一个连锁洗衣企业来说，成功的必要条件是有一个经过验证的成功的赢利模式，并有一定的资源条件以及管理经验和能力，建立一套比较完善的连锁经营系统并能够有效地执行。

技术能力等这里不详述，我们会在相关问题中提及。

第十三章
新开店容易发生的事故

新开业的洗衣店，往往由于员工工作时间较短，经验不够，经营管理人员尚不熟悉相关业务等原因，导致发生这样那样的差错事故。以下介绍的，都是在新店开业初期容易出现事故的方面，可以为大家提供借鉴。

第一节　准确识别面料

面料识别是洗衣操作人员的基本功，不同的面料具有不同的特点，只有正确地掌握各种面料的纤维组成，根据不同的面料采取不同的洗涤方法，才能保证不出或者少出事故，因此在衣物洗涤之前必须正确判断衣物面料，否则将会造成不可挽回的损失。

1. 羊毛纤维面料

羊毛纤维织物耐酸不耐碱，多数毛纺衣物适合干洗。如果不能正确识别，容易发生洗涤方式的选择错误，或是错误地选择碱性洗衣粉水洗。

羊绒衫与羊毛衫是完全不同的两种纤维制作的，它们都适合干洗，也可以水洗。但是在采用水洗时它们会有不同的反应。羊毛衫有可能产生缩水，因此只能采用湿洗或是手工水洗，不可使用水洗机机洗。用普通水洗机机洗就会发生严重的缩绒，使羊毛衫彻底损坏。而羊绒衫也需要采用湿洗或是手工水洗，如果采用水洗机机洗有可能发生羊绒衫松懈，甚至裂碎。羊绒衫会明显标注纤维成分，不可大意。

纯毛粗纺面料的织物组织较为疏松，一般颜色也比较浅，容易沾染各种污渍。干洗时所涂抹的皂液需要等到大部分水分已经挥发，仅仅有一些潮润时才可以装机干洗。当涂抹皂液部位水分较多时，容易出现局部缩绒造成洗涤事故。

2. 蚕丝纤维面料

蚕丝也是蛋白质纤维，蚕丝衣物比较容易掉色，不可使用洗衣粉洗涤，也不适宜机洗，应该采用手工洗涤。如果识别不准确，容易出现掉色、洗花、发硬、面料发生光泽变化等。

丝绸面料中的缎类面料使用了较长浮线的织物组织，因此极其不耐摩擦。包括真丝面料和使用化学纤维织造的仿丝绸面料，耐摩擦性都比较差。如唐装、丝绸旗袍、缎子被面、领带等，都应该采用手工水洗。

3. 黏胶纤维面料

黏胶纤维具有较大的缩水率，第一次下水后的缩水只能够恢复大部分。未经缩水的黏胶纤维面料不宜采用水洗。

4. 麻纺织品

所有的麻纺织物第一次下水都会有较大的缩水，而且不能恢复，因此未经缩水的麻纺织物不可水洗，在收衣时需要与顾客沟通和解释。

5. 氨纶面料

含有氨纶的面料在烘干时会逐渐受到损伤，最终产生脆化断裂。因此，带有弹性的面料（即含有氨纶）不可进行烘干。

干洗衣物时烘干是必然程序，但是含有氨纶的衣物不适宜烘干，因此面料中含有氨纶时不宜干洗。

氨纶纤维对氯漂敏感，氯可以造成氨纶纤维的缓慢损伤，最终发生破损。所以，弹性面料衣物不可使用氯漂进行处理。

6. 有涂层的面料

许多衣物的面料带有涂层，这类面料大多数不会缩水，都可以采用水洗洗涤。

而且这类面料大多数不适合干洗，就是可以采用干洗的某些面料，也会发生渐进性损伤。所以任何带有涂层的面料都不适合干洗。

7. 以印代染面料

一些单一颜色面料表面来看与一般面料没有区别，但是当其背面为白色时就可能是以印代染面料。这类面料只可以水洗，不可干洗。这是因为其染料为溶剂型涂料，干洗时会变色。

8. 复合面料

近年来流行使用复合面料制作各类服装，这类衣物具有轻柔、保暖、平整、舒适等优点。但是这种面料制作的服装不适宜进行干洗。干洗后多数会出现起泡、开胶等问题，个别的很可能发生衣物变硬等事故。所以，复合面料衣物不要干洗。

9. 紧密、硬挺、厚重的面料

使用纯棉帆布、厚重型牛仔布、带有紧密性涂层的面料等制作的服装，硬挺、平整、不易褶皱。但是这类衣物在机洗时非常容易发生磨损和磨伤事故，在边角棱等处出现磨白甚至出现磨破现象。因此不可采用机洗水洗，当然也不可进行干洗。

10. 静电植绒面料

静电植绒面料在国内外已经流行了几十年，不少人喜欢这种衣物。但是静电植绒面料的耐摩擦性较差，在较长时间的穿用过程中，边角、棱处有可能出现磨损脱绒。这类衣物在洗衣机内洗涤时，由于摩擦缘故极其容易出现磨损脱绒现象，因此静电植绒面料衣物不要采用机洗。

由于干洗也是机洗，所以静电植绒面料衣物也不宜干洗。还有一些静电植绒面料的胶黏剂不能耐受干洗剂的溶剂作用，有可能造成面料变硬。因此，静电植绒面料只能使用手工水洗。

第二节　面料的掉色

各种面料的染色牢度各不相同，一些面料染色牢度较高，也有一些面料染色牢度较低，没有完全不掉色的面料。因此，不可盲目地认为某件衣物可以任意浸泡或使用高温、高浓度洗涤剂。

1. 真丝面料衣物

真丝面料衣物中，除去白色和极浅色以外大多数都会掉色，不可有侥幸心理。洗涤这类衣物除要求漂洗彻底以外，一定要机洗酸洗，以防止掉色。

2. 红色、紫色、红紫色、红棕色衣物

不论什么样的纤维组成，只要是红色、紫色、红紫色、红棕色系列颜色的衣物多数都可能掉色。因此，不论采用干洗还是水洗都要考虑防止其掉色的问题。干洗时一定不要与其他颜色衣物混在一起；水洗时要在漂洗的时候加入醋酸固色。

3. 深色羊毛衫

深色的羊毛衫多数可能掉色，所以水洗深色羊毛衫一定要在漂洗时使用醋酸固色。干洗时注意防止产生机内污染。

4. 印花面料

一些衣物使用了印花面料，当印花图案颜色较深时，不论干洗、水洗都可能有些掉色。尤其是水洗时，不可浸泡和使用较高温度；漂洗时要进行酸洗。

5. 纯棉衣物

纯棉衣物一般适合水洗，多数情况下不进行干洗。但必须干洗时，不可涂抹皂液。纯棉衣物涂抹皂液后干洗大多数会发生咬色现象。

6. 皮革附件

一些衣物装有皮革附件或是皮革装饰物，它们大多数可能会掉色。尤其是衣物面料的颜色与皮革附件颜色反差较大时，极容易造成洇色，而且难以修复。这类衣物不适合水洗，只可以干洗。干洗预处理时皮革附件及其周围不能涂抹皂液。如有可能要进行适当保护或隔离。

7. 水洗衣物要过酸

衣物进行水洗后，除去白色和极浅色以外，最后一定要过酸，防止出现颜色污染。

8. 两种以上颜色衣物要防止串色

一件衣物不论是什么样的纤维或面料，只要包含两种以上颜色，就要考虑防止掉色的问题。

9. 为防掉色，操作中途不可停顿

面料掉色是可能经常发生的，为了防止面料掉色带来污染，在衣物洗涤的任何操作过程中都不可以中途停顿。

第三节　污渍识别

污渍的种类有多少谁也说不清，但是我们要对常见的污渍能够识别、区分。另外，污渍有在送洗衣物时就有的，也有在洗涤过程中处理不当造成的，不管是哪一种，去掉污渍是我们应尽的责任。

1. 由染料类污染形成的色素类污渍

由于衣物掉色造成对其他衣物的沾染，形成串色、搭色或洇色的染料色素类污渍。这类色素污渍的特点如下。

（1）衣物整体改变颜色，或是衣物的浅色部分改变颜色——串色。

（2）衣物上出现条形、斑块的色素污渍——搭色。

（3）衣物的不同颜色面料分界处出现颜色洇染——洇色。

这类颜色污染污渍只能采用剥色或漂色的办法处理。

2. 由天然色素形成的色素类污渍

天然色素形成的污渍大都来自水果、蔬菜、青草、茶水、可乐、咖啡、果汁等的沾染，或是由于吃饭时沾染了各种菜肴汤汁形成的，如果酱、酱油、番茄酱、辣椒油等调味剂污渍。这类污渍的特点如下。

（1）颜色大都为黄色、黄棕色或灰色。

（2）沾染位置多数在身体前侧（前襟、裤腿、裤脚、袖口、肘部等）。

（3）大多数伴有糖或油脂类污渍。

（4）可能有残存的食物气味。

这类污渍大多数可以在水洗后机洗去渍，或是根据衣物的承受能力使用双氧水处理。

3. 由人体分泌物形成的色素类污渍

人体分泌物会在衣物上留下一些残存的色素，它们与其他类型的污渍有着明显的区别。其特点如下。

（1）沾染位置多数为衣物的内侧如领口、袖口、腋下、裤内侧等，或是形成在卧具上。

（2）这类污渍多数为黄色或是灰黑色。

人体分泌物的色素污渍切忌先使用热水或直接干洗，最好先使用清水浸泡漂洗，然后经过水洗，最后再使用去渍剂或使用双氧水处理。

4. 由铁锈等金属盐类（矿物质）形成的色素类污渍

铁锈一类的金属盐色素污渍表现为多种颜色，其中黄色和黄棕色居多。在衣物上的沾染部位没有固定规律，但是不会在衣物的内侧。这类色素污渍比例较少，去除的方法只有使用专用去渍剂。注意：不要盲目使用漂白剂处理。

5. 含有色素和油脂的复合污渍

含有油脂和色素的复合污渍多半与食物或化妆品有关，如果能够使用水洗，尽量考虑水洗。如果不适合水洗，应该先行去渍然后干洗。这类污渍如果先干洗、后水洗，会使污渍难以去除。

6. 细微固体颗粒污渍

细微性固体颗粒污渍的主要表现形式为黑滞，如袖口内侧、浅色衣物下摆内侧等。一些含有金属细微颗粒的污渍，如机械油泥也属于这类污渍。这些黑滞型污渍由于有一些已经进入纤维间或纤维内部，因此很难彻底洗净。不可强求彻底去除，以免伤及纤维或面料颜色。

7. 绒面服装上的污垢

绒面衣物面料一般布满细微的绒毛，沾染了污垢以后往往会残存一些固体。一定要先进行润湿（可以使用清水或使用甘油），否则极其容易造成绒毛脱落。

8. 化学药剂腐蚀的痕迹

衣物上有时会有一些好像是污渍的东西，但是无论用什么方法都无法去除。它们有可能是一些化学药剂腐蚀的痕迹，我们称作假性渍迹。通过放大镜或显微镜可以清楚地看到面料表面的纤维或纱线已经发生改变，有的局部毡缩，有的纱线开捻变形等。遇有这种情况不可过分进行处理。

9. 机械性磨损的痕迹

衣物上非常像是污渍的东西，有时是机械性磨损的痕迹，它们也是假性渍迹的一种。如纱线纤毛外露、浅表性磨伤、由于熨烫造成的合成纤维表面熔融等。这类看似污渍的损伤痕迹，可以通过放大镜或显微镜进行鉴别，不可盲目强行去渍，以免损伤进一步扩大。

第四节　洗涤方式

在正确判断面料以后，就要选择正确的洗涤方法，做到既把衣物洗净又不对衣物有所损伤或造成事故。

1. 水洗

（1）纯棉衣物或以棉纤维为主的衣物适合水洗。纯棉面料或以棉纤维为主的面料，主要用于制作内衣裤、衬衫或休闲服装，本身不属于一定要求干洗的类型。又由于棉纤维面料的染色方式和棉布类纺织品的织物结构特点，干洗时重点污垢往往不能彻底洗净。而棉布类面料涂抹皂液一类的预处理剂还会造成咬色。所以，纯棉衣物或以棉纤维为主的衣物一般不适合干洗，大多数适合水洗。

（2）床上用品绝大多数适合水洗。床上用品中凡是直接与人体接触的，一般都是使用棉纤维制作的，如床单、枕巾、枕套、被里、被罩等。沾染的污垢以水溶性为主，所以适合使用水洗。而某些不与人体接触的床罩类用品，则需要根据其质地结构等因素选择适合的洗涤方式。

（3）内衣内裤不可干洗。内衣内裤的污垢与其他衣物完全不同，主要是人体分泌物，这类污垢只能通过水洗才能洗涤干净。因此，不论内衣内裤是什么样的材质或是颜色，都应该采用水洗洗涤，不可干洗。

（4）许多水溶性污垢经过干洗反而不容易洗净。衣物上的污垢可能是多种多样的，其中许多水溶性污垢有可能与油性污垢混合在一起，如菜肴汤汁、含油的食物污渍等。这类污垢采用水洗有可能油污很难一次彻底洗净，但是可以进行有效的去渍或进行干洗。如果这类污垢如不经过水洗，直接先进行干洗，干洗后残留的色素性污渍则非常难以洗涤干净。其主要原因是在干洗时仅仅把油脂去掉了，污垢的其他部分仍然存在于衣物上，干洗后的烘干程序，会使污垢经过了热固过程而更加顽固。

（5）以涤纶、锦纶为主的面料大多数可以水洗。合成纤维中的涤纶、锦纶都可能成为衣物的面料，使用这类面料制作的衣物也越来越多。而服装厂家却往往标注要求干洗。实际上这类衣物完全可以使用水洗洗涤，而且水洗效果会比干洗好一些。

（6）不是所有的衣物都适合干洗。所有洗涤方式都有一定的局限性，适合使用干洗的衣物只是一部分，不是所有的衣物都适合干洗。大多数夏季衣物，如一般的单衣、家居纺织品、各种棉服等都不适合干洗。

（7）白色以及极浅色不适合干洗。白色或极浅色衣物干洗时极其容易产生干洗机内污染，洗涤后衣物颜色改变，颜色会变得发灰发土，甚至出现条花黑绺。因此白色或极浅色衣物应尽可能采用水洗或湿洗。必须使用干洗的白色或极浅色衣物，需要把干洗机严格地洗车，还要采取相应的程序。

2.干洗

（1）带有裘皮装饰附件的衣物多数适合干洗。一些衣物带有裘皮装饰附件，有的裘皮装饰附件还与本身衣物面料颜色差别较大。因此，为了不造成裘皮附件掉色沾染衣物，大多数带有裘皮装饰附件的衣物适合干洗。

（2）干洗浅色衣物一定要防止机内污染。浅色衣物干洗时容易出现干洗机内污染，使得衣物发灰发土，有的还会出现条花黑绺等洗涤疵点。为了避免这类情况产生，需要使用"克施勒强洗剂"。具体使用方法是：①使用全新干洗溶剂；②在主洗程序开始时自纽扣收集器加入强洗剂80~100毫升；③不通过过滤器循环。

（3）不要忘记：干洗也是机洗。干洗有一定的优点，但是也有一些不足之处。除去对于水溶性污垢洗净度较低以外，更重要的是干洗也是机洗，不可忽略干洗机转动时对衣物的机械力影响。因此，娇柔的衣物要充分考虑这个因素。

（4）干洗后衣物上残存的污渍不会是油脂。干洗方式洗涤衣物实际上是使用溶剂进行洗涤，干洗后衣物上所有的油脂性污垢已经完全被溶剂去除，残留在衣物上的是其他污垢，其可能范围很广，如糖、盐类、蛋白质等，但唯独不可能是油脂。

第五节　衣物的熨烫

我们经常讲，三分洗、七分烫，可见熨烫的作用之大。尤其水洗的衣物更离不开熨烫，但熨烫不是任何一个人拿起来就能干的，熟练地掌握熨烫技术光说不行，在了解了理论知识之后，还要经过艰苦的磨炼。

1. 按衣物选择熨烫温度

服装面料使用的纤维品种比较多，除去天然纤维棉、麻、丝、毛以外，还有各种化学纤维，它们能够承受的熨烫温度其实是各不相同的。其中，棉、麻纤维以及黏胶纤维需要的熨烫温度最高，约需 160~180℃。而涤纶面料的承受能力只有 140℃左右；锦纶面料的承受能力最差，一般不能超过 135℃。因此，我们说熨烫什么样的衣物，选择什么样的温度，不能千篇一律、一成不变。

2. 熨烫技巧及注意事项

（1）熨烫时，熨斗应该慢慢走过，一次完成，许多人熨烫衣物时喜欢让熨斗在衣物上来回反复地运动，其实这是错误的。熨斗走过衣物时，吸风也同时工作，只要熨斗走过一次即可完成烫平及定型。为了保证面料被准确地加热到一定温度，需要熨斗慢慢走过。快速地反复来回熨烫只能增加摩擦力，使衣物出现亮光。颜色较深的面料或紧密的纯毛面料更容易出现亮光。

（2）熨烫深色纯毛衣物要垫上一层棉布。深色纯毛面料衣物非常容易出现亮光，在穿着、洗涤或熨烫过程中都有可能造成出现亮光的机会。为了尽量不使这类面料出现亮光，熨烫时应该垫上一层棉布。收衣时还要检查衣物原有亮光情况，在收衣单上予以标注。

（3）带有绒毛的衣物不可以实烫。各种服装面料中，带有绒毛的面料有如下几类。

① 棉绒、纯棉或混纺条绒、棉平绒。

② 维纶或涤纶磨绒布。

③ 静电植绒。

④ 丝绒、立绒、麻绒、乔其绒。

⑤ 法兰绒、海立司、海军呢、制服呢、麦尔登。

⑥ 立绒大衣呢、顺毛大衣呢、银枪大衣呢、拷花大衣呢等。

以上各种带有绒毛的面料都不可以实烫，可使用人像熨烫机冲烫或使用鼓风虚烫。

（4）所有带褶皱的面料都不可平烫。使用带有褶皱的面料制作的衣物，不可以平烫，只能使用鼓风虚烫。

第六节　服装标志

服装的洗涤标志是服装的身份证，按道理它应说明服装的全部信息，以便在洗涤时采取正确方法，一方面我们要重视洗涤标志所提供的信息，另一方面我们也要慎重对待，因为有些厂家只是为了应付制作要求，随便缝上一个与服装可能一点关系都没有的标志，使我们被误导。所以我们应结合洗涤标志再加上我们的分析，以确定洗衣方式。

服装制造厂家对于服装洗涤标志的标注，往往盲目推崇干洗，因此许多服装标志缺乏专业性。由于服装厂家不是洗涤技术专家，多数也不会征求洗涤技术专家为其标志的标注把关，所以大多数服装标志不能成为洗衣店选择洗涤方式的依据。

服装洗涤熨烫标志是参考性的，有时服装厂为了表明其产品高级，盲目标注要求干洗，往往会误导消费者和洗衣店员工。我们应该以自己的知识进行准确判断，避免发生差错事故。面对不正确的服装标志时，要相信在培训时学到的专业知识和平时工作积累下的经验，不可盲目依照服装标志的指示操作。现在系统进行的各种技术培训都是专业性的，是经过实际工作长期验证的。

需要注意的是，一些员工认为完全按照服装标志操作，不论出现什么问题都没有自己的责任，但是服装标志或服装生产厂家却不会因此承担责任，顾客却会根据衣物的损失要求洗衣店赔偿。所以，如何选择正确的洗涤方法还要依靠我们自己。

某些服装标志标注为：必须干洗但又不可烘干。这是一种矛盾的标注，不符合衣物洗涤熨烫标志的要求。当标注出现相互矛盾时，一定不要自作主张决定洗涤方式。一定要向顾客说明情况，征求顾客的意见，然后再进行处理。对于不能准确判断的衣物，更要了解学习之后，再行处理。

在服装标志中，品牌服装的面料成分标注大多数是正确的，一定要认真了解，然后选择正确的洗涤熨烫方法。

一些衣物有可能是假冒名牌，如果怀疑哪件衣物是假冒名牌时，要根据其面料、里料、做工等方面进行研究分析，在不伤害顾客自尊心的情况下与顾客沟通，指出在洗涤熨烫过程中的风险性，提醒顾客维护消费者正当权益，以求得正当处置。

第七节　去渍技术

去渍技术是洗衣从业人员的基本功，掌握去渍技术是攀登洗衣技术顶峰的阶梯，如果想在洗衣行业有所作为，必须先在去渍上下功夫。

1. 使用去渍剂要"对症"

去渍剂的物理化学性能各有差异，它们适应的污渍也各不相同。使用时要"对症下药"，不能盲目随意使用，更不能使各种去渍剂轮番上阵，把原来可能比较简单的去渍反而变得复杂起来。

不论哪一种去渍剂都有规定的适应证和各自特性,使用前要进行必要的了解。如果不清楚去渍剂的特性与其适应证,乱用如同制造新的污渍。

不同的纺织纤维和不同的污垢在去渍时是有区别的。一些面料由于其所含某些纤维成分,而不能使用某些去渍剂。如醋酸纤维不适合使用西施去渍剂中的绿色、蓝色、棕色和紫色去渍剂,也不适合使用福奈特去油剂(红猫)。含有金属盐染料的面料(如某些羊毛衫、羊绒衫)不适合使用去锈剂等。

2. 正确使用去渍工具

去渍刮板是去渍专用工具,但不是万能工具,许多面料或纺织纤维不宜使用去渍刮板。去渍刮板最为有效的洗涤对象是白色的纯棉或化学纤维面料。但一些缎纹面料不能使用去渍刮板,还有如绒毛面料不可近距离使用去渍风枪等。

3. 去渍剂使用注意事项

(1)去渍时,滴上去渍剂立即使用去渍风枪打,这是一些人常用的方法,其实这是不正确的。任何去渍剂都需要一定的时间与污渍进行反应,才可能把污渍去掉。那种滴上渍剂立刻就使用去渍风枪打的做法不可行,只能浪费去渍剂,同时去渍效果也不会好。

(2)醋酸纤维的化学性能比较差,不可随意使用去渍剂。醋酸纤维具有某些合成纤维的特性,对于含有溶剂类化学成分的去渍剂特别敏感。因此,某些去渍剂和一些有机溶剂都不适宜用在醋酸纤维上。其中包括以下几类。

①浓度超过3%的醋酸。

②醋酸酯类(醋酸乙酯、醋酸丁酯等)。

③香蕉水、丙酮、硝基烯料等。

④西施去渍剂中紫色、棕色、绿色、蓝色去渍剂。

⑤福奈特去油剂。

⑥美国威尔逊公司 Tar-Go 去渍剂等。

(3)去渍以后必须把所有的药剂彻底去除干净。不论什么样的衣物,也不论使用什么样的去渍剂,去渍后一定要把所使用的去渍剂清洗干净。如果使用去渍台,要交替使用去渍风枪和去渍水枪把残留在衣物上的去渍剂清理干净。如果使用了较多的去渍剂或采用某种药剂整体处理衣物，那就一定要使用足够的清水经过多次漂洗处理干净。有的药剂如氧化剂、还原剂等，还要经过脱氯或酸洗才能彻底去除干净。

（4）没有把握的去渍最好先在背角处试验一下。衣物上的各种污渍主要靠经验来判断，准确判断污渍后才可能选择合适的去渍剂。如果不能得出正确的判断结果，就不要盲目选择去渍剂。最好的方法是在衣物的背角处试验一下，经过验证可行之后再行去渍。

4. 防止去渍过度

一件残留着污渍的衣物往往无法继续穿着，"去渍"就成了很关键的环节。因此，能够把污渍彻底去除是非常有成就的。但是去除污渍往往不容易很彻底，如果继续去除的结果是伤及底色或纤维，也就是去渍过度。当99%的污渍已经去除，仅仅余下一点点残余污渍时，仍然很有成绩。而去渍过度则成绩全无，只剩下错误。所以，去渍时过分苛求是不可取的。

第八节　原料使用

洗衣店不同于家庭洗衣，家里洗衣服使用的洗衣粉是我们洗衣除去水以外的全部，但是洗衣店只准备一种洗涤原料是远远不够的，我们不但要准备必要的种类，还要对其性能熟知。

1. 中性洗涤剂

蚕丝和羊毛纺织品属于蛋白质纤维，它们不能承受碱性洗涤剂洗涤。因此水洗这类衣物一定要使用中性洗涤剂，否则洗涤后非常容易出现部分磨伤、变硬、缩绒以及颜色改变等缺陷。

2. 洗衣粉

洗涤内衣内裤以及家居纺织品，多数可以使用一般的洗衣粉（普通碱性洗衣粉），不必使用中性洗涤剂，但是也不适合使用强碱性洗涤剂。市场上出售的洗衣粉多种多样，洗衣粉的销售广告更是铺天盖地。然而这些洗衣粉都是面向广大家庭消费者的，一些辅助功能也是为了方便消费者。洗衣店所洗涤的衣物多种多样，家用洗衣粉不能满足需要。如果需要某种处理手段，可以使用专用原料。因此洗衣店选择洗衣粉时，最好选择不附带任何辅助功能的，避免因洗衣粉所含与其他原料发生反应，影响洗涤效果。

3. 氯漂剂（"84"、次氯酸钠等）

氯漂剂是一种强氧化剂，具有较强的化学腐蚀性，使用时要严格控制浓度、温度、时间等条件。它可以破坏大多数的天然色素和染料色素，所以能够用于漂白。使用时一般是整体使用，不宜局部使用。氯漂剂的破坏作用极大，而且经过氯漂剂处理的衣物无法恢复。所以，不到迫不得已不要使用氯漂剂。

4. 柔软剂

采用水洗方法洗涤羊毛衫、羊绒衫时，洗净度会比较高。为了进一步改善衣物的手感和保暖性能，一定要使用毛织物柔软剂进行柔软处理。通过柔软处理不但可使衣物状态提高，还能改善穿用性能。

5. 双氧水

双氧水是氧化剂，其可控制性是氧化剂中较好的。在使用双氧水处理衣物时，由于需要使用较高的温度，所以对于衣物而言有一定的局限性。也因为如此，多数情况下使用双氧水更适合整体处理。除对水洗后衣物上的残存色素可采用较高浓度的双氧水点浸法外，其他情况不宜采用局部处理。

6. 保险粉

保险粉是还原剂，由于其对于纤维的腐蚀性较低，故此被冠以"保险"二字，它可以用于包括蚕丝和羊毛在内的各种纤维织物，但是并不意味着可以随意使用。由于保险粉可以破坏大多数染料色素和天然色素，因此它仅仅适用于白色衣物。使用时由于需要较高的温度，所以一般情况下只能对衣物进行整体处理。除去特殊情况下，不可局部使用。

不论使用什么原料，用量都不宜过多。我们收到的顾客的衣物往往污垢严重，一些人喜欢加大原料用量，其实这种做法带有很大的风险性。洗衣店使用的各种原料多数是化学品，不是酸性物质就是碱性物质，当它们的浓度超过一定限度时，多半会造成纤维或面料的损伤。因此，如果需要比较强烈的处理手段，应重复使用某种原料，而且要求每次使用后都要把原先使用过的原料清洗干净，这样就可以不使原料浓度过高，造成不必要的损伤。

第九节　工作态度

做事先做人，不管做任何事，把人先做好，具体到工作中就是对工作认真负责，成功永远青睐于勤劳的人。

1. 不可贪图省事盲目选择干洗

对于洗衣店员工而言，干洗要比水洗简单易行，但是真正最适合干洗的衣物只有一半左右。许多员工往往把可以水洗的衣物采用了干洗，导致洗涤方式错误，把本来简单的事情搞得复杂起来，甚至发生洗涤事故。所以，一定不可贪图省事盲目选择干洗。这是工作态度和责任心的体现。

2. 浅色衣物应该先去渍再干洗

浅色衣物如果需要干洗，一定要先行去渍然后干洗。如果浅色衣物先干洗，往往一些含有油污的色素就会被固定在衣物上，成为难以去除的顽渍，甚至成为无法彻底去除的渍迹。究其原因不过是贪图省事的结果。这类问题常常不是技术水平的体现，而是工作态度和责任心的体现。

3. 不确定的问题一定要问个清楚

自己还不够清楚的问题，一定要问明白，不可盲目下手。前人讲"不耻下问"。而我们有什么不可以向别人求教的呢？那种不了解、不清楚的问题自己不好意思请教别人，冒充很在行，结果大多数会出事故。这不是不虚心，而是不负责任。

4. 不可贪图省事水洗之后不过酸

洗衣店中水洗衣物比例大都在50%左右，水洗后经过酸洗，衣物的整体状态就稳定了，这是事半功倍、非常可靠的方法。但是有的员工贪图省事，水洗后不经过酸洗，其中某些衣物可能不会有什么问题，但是只要一件衣物出现问题，就需要花费很大的精力去处理，反而得不偿失。

5. 水洗衣物的漂洗过程比正式洗涤更重要

衣物水洗的过程中洗涤当然重要，但是漂洗的过程更重要。脏的衣物上仅有污垢，而漂洗不净的衣物上既有污垢也有洗涤剂，一旦干燥以后，重新洗涤比起原有污垢的洗涤更加困难。没有洗涤干净的衣物可以重新再洗，而漂洗不净的衣物就要花费更多的精力去处理。

6. 应该手工水洗的衣物一定不能机洗

目前许多衣物由于配备了各种装饰物或采用了比较娇柔的面料，要求采用手工洗涤。一些人抱着侥幸心理使用了机洗，结果发生了不同的洗涤事故。

要求手工洗涤的衣物不可任意改变洗涤方法，除非配置湿洗机，学习湿洗技术，才有可能采用机洗。

7. 危险性的原料要妥善保存

各种具有一定危险性的原料、药剂，如："84"消毒液、次氯酸钠、双氧水、保险粉、高锰酸钾等，在保存时一定要注意盖好盖子，放置在不易碰倒或打碎的地方，妥善保存，防止出现不必要的意外损失。

8. 洗涤皮衣要专业

皮革衣物和裘皮衣物的洗涤养护需要专业技术，一些人以洗涤普通衣物的方法干洗一件皮衣碰巧获得成功，就以为所有的皮衣都可以随意干洗。其实并非如此简单，由于皮革制品的鞣制工艺差别很大，其皮特性也有很大不同。比如有的皮衣可以比较容易地水洗，而不致发生变形抽缩；而有的皮衣则仅仅受到一点潮湿就可能发生皮板变硬或变形。因此皮衣的洗涤养护是要经过专业学习的，不可能无师自通。

9. 没有彻底干燥的衣服不能交给顾客

不论干洗还是水洗的衣物，没有彻底干燥就不能交给顾客。因为衣物在含有水分或干洗剂的时候是比较脆弱的，往往容易发生沾染、沾污、搭色，甚至发霉变臭。即使是非常熟的顾客，也不要把没有彻底干燥的衣物发出。

10. 洗衣事故的处理

出现洗衣事故往往是由于操作不当或粗心大意等原因造成的。一些员工为了推卸责任，不能如实介绍事情的真实过程，而是掩盖事实真相。于是，本来可以采取有效的技术措施来挽救的事故，却背离了真相，甚至浪费大量的人力物力。

出现了事故，不能够积极配合挽救处理，而是掩盖事实真相，这是一个人的品质问题，是对自己人格不珍视的表现。为了维护品牌信誉，为了维护企业的诚信形象，必须向顾客当面承担责任，绝不可以蒙混过关欺骗顾客。

因为任何事务都会有差错失误，出现了洗衣事故其实没有什么可怕的，而那种害怕承担事故责任，编造事实过程的行为却是极其可耻的。

11. 工作要善始善终

不管什么工作，当你开始以后就要善始善终，不能中途放下不管，这就是认真负责。做任何工作都不能半途而废。

12. 要善于向别人请教

许多员工在进行某项工作时，自己心中并不清楚，却不愿意立即请教别人，等到出了问题再去向别人请教挽救方法。这种情况使当事人由主动地位变成了被动地位。本来可以学习掌握一个新的技术难点，却把自己变成了肇事者。所以我们说"做完了再去问"与"问完了再去做"，相差十万八千里。任何人都是学而知之，谁也不是生而知之。善于向别人请教是一种美德，不去向别人请教，自己又不了解的事还硬要去做，那就是自欺欺人。不懂就是不懂，千万不要不懂装懂。洗衣店员工之中常常有好面子者，自己不懂却不愿意向别人请教。然而洗衣技术是实实在在的知识，不懂装懂害人害己。希望大家都不要这样做。

第十四章
线上洗衣与中央洗衣厂

第一节　线上洗衣

　　线上洗衣就是通过网络告知洗衣企业我要洗衣服，他们就安排人上门把衣服取走，然后洗完了送回来。还是要洗衣店或洗衣厂来洗，只不过消费者自己足不出户就可以解决了。类似于原来的电话取送，但是由于互联网的强大功能，与原来送走衣物后只等着送回来不同的是，如果有兴趣，消费者还可以全程了解衣物洗涤的每一个过程，做到了放心消费。

　　这一模式的优势是多赢。第一是企业减少了在繁华地段租用场地的费用，大幅降低了成本；第二是消费者由于企业成本降低而得到服务收费的减少；第三是政府实现了方便百姓的承诺。不足是一旦发生纠纷，很难确定责任归属。

　　在这里我们不去探讨互联网公司的线上洗衣模式。这里所说的线上洗衣，是洗衣店为了扩大服务半径、增加服务手段而采取的一个措施。

　　线上洗衣有别于我们原来的门店业务，在门店都是面对面、一对一的服务，有问题都说在当面，落在纸上，即使有了争议，往往也相对好解决。但是线上就不一定了，因为上门收取的人不一定熟悉洗涤业务，所以取时就没有了验收环节，送时也没有解释环节。只做到封装好取走，包装完好送到即可。

验收放在了第二步，监控设备在这里就用上了。被洗衣物被取回来后，在高清摄像头下开封检验，一旦发现有异常，马上与消费者联系，并登记在册，取得一致意见后再走下一步程序，否则马上中止。前面我们提到的发生争议很难确定责任归属，问题大多数就发生在这里。验收时发现问题了，与消费者沟通时对方不认可，即使打到法院也很难说清楚。因为已经开封，不开封无法看到，而开了封就说不清楚。即使再高清的摄像头，对于微小瑕疵也很难区别出来，这时候企业往往比较被动。

如果这一环节没有问题，在洗涤上就没有太大的区别了。我们需要做的就是要有跟踪记录，最好是有影像资料，以备消费者随时查验。交送环节主要应注意的就是不合格产品绝对禁止出厂，还要防止二次污染。

另外需要注意的问题：建议如果是单店，太远不要接，失信消费者不要接，加强自己的员工培训，当面验收，不要随便承诺，再忙也要接受忠实消费者。

第二节　建立中央洗衣厂

随着企业的发展，原加工场地不够，除去在合适的地点再开第二家店以外，还可以考虑建立中央洗衣厂。

中央洗衣厂顾名思义就是洗衣的加工厂，由于只负责洗，在选择地点的时候就要简单很多，只要有足够的空间和能源就可以了，通常租金就会比闹市区降低很多。

中央洗衣厂的规模应由洗涤目标决定，比如日均件数，在目标确定的情况下做设备配置，根据场地要求做洗衣厂规划。建立中央洗衣厂应首先核准资质（环评、排水、用水），再根据预期洗衣量设定占地面积（同时需要确定水、电、汽、燃气、市政排放管网等基础设施），按照地域差异选配洗涤设备（北方干洗和水洗各占50%，南方水洗高于干洗量，干洗只占40%）、整烫设备（多建议用自动化整烫设备），建设后的中央洗衣厂应满足在保证品质时效的前提下，完成规划产能，实现计划成本费用的控制。

第三节 线上洗衣实例

一、什么是线上洗衣

线上洗衣是相对于线下洗衣而言的一种称谓。平时我们把到洗衣店去洗，称之为线下洗衣，就是不通过其他方式，与洗衣店直接交易。而现在由于互联网的发展，使我们通过互联网就可以把要洗衣服的事情搞定，足不出户就可以通过互联网下单，完成要洗衣物的交送意图。再加上由洗衣企业完成后面包括取送的全过程，我们就称之为线上洗衣。

二、线上洗衣要具备的条件

1. 服务平台

（1）从事洗染业 O2O 服务经营活动的经营者应依法办理市场主体登记。

（2）经营者应当在服务平台显著位置持续公示平台服务协议和交易规则信息或者上述信息的链接标识，并保证消费者能够便利、完整地阅览和下载。

（3）经营者应具备洗涤企业资质或具备洗涤资质的合作商户证明，服务平台有义务对洗涤企业做到审核和监督。

（4）应确保应用程序使用的安全性。

2. 服务信息

（1）网上发布的服务信息应准确、真实。

（2）应对服务的内容进行必要的说明。

（3）不得有隐形条款。

3. 服务规则

（1）应确保线上业务流程顺畅，用户体验良好。

（2）应按照相关法律法规，遵循公平、合法、诚实、信用的原则制定服务价格，设定统一服务及流程规范、统一质量标准、可量化评价标准,并在平台上进行公布。

（3）洗染行业线下服务经营应符合 SB/T 10624 的规定。

（4）收衣后不能立即进行分拣和洗涤准备的，应有专门的中转场所。

① 中转场所的工作区域应独立且封闭，应设有防盗措施。

② 中转场所应配备符合要求的消防设备。

③ 中转场所工作人员应掌握消防知识和定期进行消防演练。

4. 服务人员

经营者可以委托具备服务技能的人员、有相应资质的物流企业、快递公司作为上门服务人员上门收送衣物等物品。上门服务人员为服务平台自有员工或平台备案服务人员时，应做到以下几点。

（1）建立员工或服务人员的档案及管理制度。

（2）上岗前必须经过严格培训，掌握衣物面料基本知识、洗涤知识等。

（3）服务平台应有定期集中培训，不断提高人员的业务知识和服务意识。

5. 交易要求

（1）支付方式与安全要求。

① 支付方式。可根据实际情况选择支付方式，如在线支付或线下支付等。在线支付可选择多种方式。

② 支付安全。采用在线支付时应选择符合资质标准的网络支付平台提供商，确保账户和密码的保密安全。

（2）交易凭据保存。

① 应妥善保存交易记录不少于 3 年，包括服务信息、付款凭证、线下支付收据发票等有法律效力的凭证。

② 在涉及大额或重要交易时，宜生成必要的书面文件或采取其他合理措施记录和保存交易信息。

③ 提供服务应当满足消费者需求，依法提供纸质发票或者电子发票等服务凭证或者服务单据。

（3）平台应向消费者展示被洗衣物的类别、件数、价格、瑕疵及相关图片信息。

（4）平台应向消费者展示服务流程节点，为消费者提供时时可视化信息。

6. 信息安全要求

（1）信息收集及使用。

① 未经消费者同意，不得超出使用范围收集、使用个人数据。

② 未经消费者同意，不得向第三方披露、转让或出售交易当事人名单、交易记录等涉及消费者隐私或商业秘密的数据。

（2）信息保存。

① 应具备数据存储、数据备份、灾难恢复和相应技术手段。

② 应保证交易资料的完整性、准确性、安全性和不可更改性。

③ 有关消费者权益保障的其他要求。

三、如何操作

下面以某线上洗衣产品为例简单介绍一下操作流程。

1. 客户下单

在主页点击"洗衣/洗鞋/洗家纺"，输入地址、电话、姓名、预约时间（一周内，10：00~24：00任意时段，每1小时为一时间段。新增及时取：下单后60分钟或90分钟内完成上门取件）。

2. 查看价格

页面显示相应价格供客户查看。

备注：

（1）下单"洗鞋"，上门收件只能洗鞋子，不能换洗衣服，其他一样；若需要换洗，必须重新下单。

（2）必须提醒客户使用优惠券，一个订单只能用一个优惠券。

若用微信下单，可用优惠券/微信支付/余额支付/百度支付，或者现金支付；若用APP下单，可用优惠券/微信支付/支付宝支付/余额支付/百度支付，或者现金支付；其他渠道下单，可以咨询当地的运营或者引导用户拨打下单平台的客服电话进行咨询。

3. 洗衣时限

洗衣时限指的是从客户手中取走衣服开始算的时间。

（1）服装类　72小时（3天）。

（2）家纺类　168 小时（5~7 天）。

（3）鞋类　168 小时（5~7 天）。

4. 取送操作标准规范

（1）电话预约。收到订单提示，立即进行电话预约。

确认顾客：您好！我是 ××× 的取派员，请问是 ×××（顾客全名）先生 / 小姐 / 女士吗？

自报家门 / 确认洗衣种类、取件时间：今天负责来取您要洗的衣物，请问您这次要清洗什么衣服呢？您预约的时间为 ×××~××× 时（注意：此时间为顾客设定的时间，没有提前与顾客沟通且未经顾客允许不得擅自更改），我预计 ××× 时左右到，您看是否方便？

确认取件地址：最后确认一下您的取件地址是 ×××，对吗？

结束语：好的！我们一会见 / 再见。

（2）上门取件。

敲门 / 自报家门 / 表明来意 / 出示工牌：您好，我是 ××× 的取派员，今天由我来取您清洗的衣服，之前跟您电话预约过！这是我的工牌。

确认洗衣方式：请问您对洗涤有什么特殊要求？

衣物验视：每接收一件衣物的同时都要与顾客做口头洗衣价格确认（首件提醒，衣物内是否还有私人物品），并当面叠好放入洗衣袋中，然后在 APP 上做下单操作，重复以上动作流程直到衣物验视完毕。

衣物检视中，若衣物有明显的破损，需提醒用户不能清洗。

计算价格，提醒使用优惠券：您一共消费 ×× 元，请您确认一下。请问您有优惠券吗？有的话可以使用优惠券（将手机 APP 上的消费总金额与顾客做当面确认，然后立即做价格推送）。

付款，封签：请问您用何种方式支付？当面把衣服封签完毕。

询问需要特别交代的内容：询问是否有需要特别交代的内容，并备注至 APP 端，如有明显污渍需将污渍提示签贴在相应的位置。

给予帮助：询问客户是否需要帮助（如果条件许可，应尽量给予帮助）。

道别：祝您生活愉快，再见！

（3）上门送件

敲门 / 自报家门 / 表明来意 / 出示工牌：您好，我是 ××× 的取派员，今天由我来送您清洗的衣服，之前跟您电话预约过！这是我的工牌。

送上衣服与验收：您好，这是您清洗好的衣物，请您核对数量并验收一下清洗的效果，谢谢！没问题的话，麻烦您在物流单的空白处签字确认（将面单撕下，然后双手递送衣服并提醒顾客验收）。

提醒评价分享：感谢您选择 ×××，请您稍后对我的服务进行评价。

给予帮助：询问客户是否需要帮助。

道别：祝您生活愉快，再见！

5. 取送件注意事项

（1）取件。

① 收取衣物时，常识判断，不是所有衣服都可以收取，明显破损、潮湿、发霉的衣物不可收取；婚纱、医用衣服、带有大量血渍的衣物、不具备穿着价值的衣服、宠物的衣物、宾馆用品不可收取。

② 当碰到无法判断是否可收取衣服或无法判断衣服价格时，拍照上传到总部，询问工作人员。

③ 客户邀请进入房间，需跟用户说明根据公司规定，只允许进入到客户家的玄关处（必须戴鞋套）。

（2）送件。

① 衣服没洗干净：点击送件完成，洗衣管家引导客户拨打客服电话，然后根据交谈结果由客服下返洗订单，取返洗订单时，封签需用特用封签。

② 衣服没洗干净但挂有"温馨提示"的牌子：安抚客户情绪，告知若在其他机构将污渍去除，可拨打 400 客户电话，愿意加倍返还洗衣费。

③ 衣服洗坏了：安抚客户情绪，请客户打 400 客服电话，告知客户公司有专人处理。

④ 客户邀请进入房间：需跟用户说明根据公司规定，只允许进入到客户家的玄关处（必须戴鞋套）。

（3）取送件时间修改。

① 取件时间：在客户规定的时间内上门取件，如果遇到特殊情况不能上门取件，需要征得客户同意后才能修改时间，然后根据修改后的时间及时上门取件。

② 送件时间：物流系统的送件时间是系统默认时间，需要打电话联系客户

后确定上门送件的时间，然后将系统默认的时间修改成和客户确认过的时间，在该时间内上门送件。

四、需要注意的问题

（1）下单体验。因互联网洗衣区别于实体店专业人士面对面的服务，顾客直接接触的是互联网产品，互联网产品的下单消费体验尤为重要，在互联网时代，下单体验好比线下洗衣店的干净整洁卫生和专业化体现。

（2）服务意识。顾客见不到实体店，自己少则几百多则上万的衣服被陌生人拿走，不能给顾客以专业良好的服务意识，顾客会提心吊胆，所以线上洗衣对上门取送件的管家要求比较高。

（3）用品与用具。装衣服的用具应标准化，取顾客的衣服时如果显得很随意，顾客也会不放心。

（4）安全性。确保衣服封口铅封的安全性。

（5）系统查询功能。界面有查询衣服状态节点的功能，可视化最佳。

（6）专业化。应展示标准化洗衣的流程让用户放心。

（7）客服。在线投诉、400电话、订单投诉应具完整性，当顾客不满意投诉时能很方便找到商家。

（8）全流程。送回包装。

五、如何与线下洗衣有机结合

（1）洗衣＋互联网是在洗衣的基础上加上互联网下单的功能工具，主要研发方向为洗衣技术和流程，作为洗衣企业，需要做互联网服务时，应在提高用户体验的前提下，组建互联网研发的团队进行全流程的规划和实施。

（2）互联网＋洗衣是基于互联网平台以互联网作为市场推广的主要方向，获取订单后由专业的洗衣厂完成分拣、洗涤的全流程，目前所谓的互联网＋都是有用户基础的平台类企业，基本以接订单后服务外包的方式合作，一般平台类的服务商只督促售后投诉，不具体负责和承担售后服务的理赔。

开店实践案例：如何当好店长

王先生自 2007 年起负责某公司上海分公司培训工作，同时也负责管理原属于上海培训部的直营店。他在管理直营店的亲力亲为过程中勤于思考，深有感触。今天将王先生撰写的管店心得体会在此奉出，希望能对各位读者有所帮助。

一、浅谈管理

（一）用行动给员工做个好榜样

前几天，我在网络上看到一篇署名文章，对 A 和 B 两个管理者不同的领导风格进行了探讨与研究，最终得出了如果店长或者经理希望员工主动做正确的事，他需要首先身体力行的结论。

A 是一家零售超市的店长。有一天，他在巡视店铺时发现摆运动衫的那个货架有些歪斜，他立即叫来销售员把货架扶正，然后继续去巡视其他地方。B 是一家高档酒店的经理。有一天，他在大堂一端的桌子上发现了几张散乱的报纸和一张糖果包装纸，他立即走过去收拾了那里。

我们可以从中看出 A 习惯于等级式的管理方式，他认为销售员的工作就是确保这些细节不出差错，不然给他们发薪水做什么？ B 却没有觉得自己的工作与普通员工的工作有多大的区别。他认为收拾一下大堂的垃圾并不会降低自己的身份，反而能给员工做出一个好的榜样。

在洗衣店经营管理中，如果你希望员工在没有人提醒的情况下，也会主动去做这些事情，作为领导的你首先要让员工看到你也会主动做这些事情。如果你在日常管理中用行动给员工做示范，员工也更有可能以你的行为为榜样；如果你在日常管理中没有行动只有语言，员工也会逐渐养成光说不练的习惯。这是确保我们洗衣店员工避免出现"各人自扫门前雪"情况的最好办法，这也是管理者用行动给员工树立的最好榜样。

（二）服务，要在顾客开口之前

洗衣店，是一个典型的服务行业。

在我们望着顾客取衣离开的身影的时候，考虑过我们的服务顾客能否满意吗？担心过顾客明天是否依然会选择我们店洗衣吗？

当打开我们服务手册的管理篇，生产的细节、服务要求的一点一滴，都在指导我们的工作——为超出顾客的期望值而努力！从店长到店员，由服务至生产，每一个操作的细节、每一个灿烂的笑脸做得是否到位，都影响着顾客对我们的满意度。

当看到顾客抱着厚重的衣物吃力地向我们的洗衣店走来的时候，你会想到什么呢？你是否动作迅速地走向前去，双手接过顾客的衣物呢？

当检查顾客衣物发现纽扣松动的时候，你又会说些什么呢？你是否在与顾客说明纽扣松动的同时，提前告知，我们会对纽扣进行加固呢？

当我们把带有无法彻底处理污渍的衣物发给顾客时，你是否装作不知道就发给顾客了呢？是否应该把无法处理到位的衣物提前告知顾客，得到顾客理解呢？

洗衣店工作貌似简单，让每一位顾客满意，其实并不简单，请在顾客未开口之前就开始服务吧！不要等到顾客产生抱怨，我们才开始改变。

（三）关注对手，不如关注自己

展望中国的经济增长，整个世界的人们都对中国的发展竖起大拇指。经济的快速增长带动了各行各业，相对来讲，洗衣行业的发展也不例外。

当我们打开互联网，随意搜索，就会出现上百个洗衣品牌，其实这些品牌的出现与增长，对我们来讲有利有弊。为什么这样说呢？有利就是众多洗衣店的出现培养了人们的洗衣观念，扩大了洗衣市场。弊呢，就是在我们服务没有满足顾客的要求时，顾客选择其他洗衣店的机遇会更多。

作为一个洗衣店的经营管理者，我们关注的不应是对手的出现，应把更多的关注留给自己。过多关注别人只会迷失我们勇往直前的路途，让自己沉浸在与对手的较量中，从而丧失了改进提升管理的思路。一个优秀的管理者，应该把更多的精力关注在如何做好"一个纯欧洲标准的洗衣店，一个您可以放心的洗衣店"。

"一个纯欧洲标准的洗衣店"就是前店后厂透明式经营模式，配置全球领先的洗涤与整烫设备，使用英国英力士洗涤剂和德国克施乐去渍剂，为顾客提供24小时取衣的高质快捷服务、5~6档的定价体系。

要想成为一个"让顾客可以放心的洗衣店"，首先我们先问一下员工，他们是不是一个专业的服装护理师：一个专业的服装护理师应该经过总部的初级培训甚至中级培训；能否为顾客提供一流品质的服务，如果一个洗衣店经常让顾客取不到衣物或者经常把顾客的衣物洗坏，"放心"二字又从何谈起？让顾客放心还应该在辅料采购源头上进行有效控制，如果只图便宜，采用低价劣质的包装用品，既危害了顾客衣物的卫生，又影响了我们的品质，"放心"又在哪里？

从员工的高质服务到店面形象的建设与维护，始终保持与欧洲同等的步伐，当我们有了选择，剩下的就是坚持，坚持做好每一天，关注做好每一点。

（四）管理做好每一天，简单平常每一件

一个洗衣店良好的运营是离不开优秀的管理体系的，一个优秀管理体系的构建，必须具备管理的持续性与前瞻性。

一个门店只要开门营业，就会面临各种问题，例如员工问题、客诉问题、行政部门问题等。要想每一项都做得井井有条，运转得安然无恙，作为管理者的确要付出大量的心血与努力。每一个员工的流失，都会有一些特殊前兆的出现。每一个客诉的抱怨，都是操作不规范的结果。如何避免与降低这些让管理者头痛的事情呢？主要就是管理做好每一天！每一个被细心发现错误的纠正，每一周例会的总结，每个月管理会议的开展，这些都是降低问题产生的根本。

最初，开业初期管理者对店内充满无限激情，周、月、季度等会议一个都不少；随着管理激情的消退与周而复始的重复劳作，渐渐地对营运管理就出现了松懈。这种情况在我们的加盟店并不少见，对于一个店的管理，是持续性的、坚持性的、有效性的，而不是随心所欲的，更不是出现事故后的想办法补救。

作为洗衣店的员工，员工出错，很可能是管理者的过错。虽然说亡羊补牢可以改过，但是防患于未然岂不是更好！不要等客诉产生了再加强管理。一个优秀的管理者，是不会等到客诉产生后再去做那些为时已晚的补救的，而是每一天都在加强预防的管理与漏洞的补充。管理者不是超人，也是普通的一员，但是必须具备一颗坚持的心。简单与平常是最朴实的描述，但是从管理角度讲，并非易事。

作为一个管理者，把洗衣店每一件简单的事情做好，就是不简单；把每一件平常的客诉处理好，就是不平常，管理做好每一天，简单平常每一件。每一天的每一件，作为管理者的你，做到了吗？

二、接待顾客的技巧

（一）进攻就是最好的防守

洗衣店每天最让管理者头痛的话题就是客诉，无论业绩如何，只要我们开门营业，客诉就在所难免。出现客诉并不可怕，可怕的是出现客诉后还千方百计地为自己辩解。经营一个洗衣店不如说是经营人更现实，当一个个顾客因客诉处理不当远离我们而去的时候，你是否明白——明天的业绩还会是你预想的结果吗？

客诉的出现大致分为几种情况：第一是员工失误导致，例如漏检、洗涤方法不当、操作程序不规范等；第二是服装质量出现问题；第三是顾客衣物本身存在问题。例如顾客的衣物原来在小店水洗过出现缩水，后来经过拉伸得到复原，再次送到我们洗衣店洗涤时，我们依照干洗洗涤，出现抽缩状况，顾客在不知衣物内在已经出现问题的情况下就会把问题推在我们身上。

无论哪一种客诉的产生，我们都要从顾客的利益出发来解决。必须第一时间接待顾客，把影响控制在最小范围，而不是推托与敷衍。当你以主动积极的态度去应对客诉时，往往进攻是最好的防守，反会使问题变得简单化。当出现客诉时，顾客关注的不只是结果，更注重我们应对客诉的积极性和处理的态度。

积极应对客诉案例：前几天店里收到一件阿玛尼的白色衬衫，衬衫上有点黄色，要求好好处理一下，前台员工就接收下来，并且在单据上标明有染色。在洗涤时由于员工失误，把衬衫染上了轻微的蓝色，由于衬衫是奢侈品牌，价值在3800元左右，员工不敢轻易去漂，店长说先征求一下顾客的意见再处理，反正单据上标注有染色。当顾客看到沾有蓝色的衬衫时，顿时非常恼火，进行索赔。店长的百般解释已经失去任何意义，最后总部老师出面，答应顾客在2天之内给她满意的答复，这样顾客才带着没有发泄完的抱怨很不情愿地离开洗衣店。接下来的工作就是赶紧处理衣物，其实处理衬衫只用了30分钟，接着就是给顾客打电话，却是无法接通。为了能够第一时间将衬衫交到顾客手里，化解顾客的愤怒，只好发短信，当顾客打开手机时就会收到我们给她处理衣物的信息。第二天早晨9点上班，又给顾客打电话，告知衣物已经处理好，我们可以给她送过去，从通话中已经感受到顾客的态度有所转变，言明第二天自己来取。顾客来取衣物时和气了很多，店方以50元洗衣券来安慰顾客，使其满意而归。

客诉，我们应积极、勇敢地去面对，逃避只会加大问题的严重性、复杂性，进攻才是最好的防守！

（二）客诉处理须知

客诉已经成了每个洗衣店都感到棘手的问题，星级的服务也同样无法满足所有顾客的需求。作为管理者，当我们遇到客诉时，首先要放平心态，不要以为顾客的不满意就是麻烦上门，其实当我们回头思考一下，多数顾客抱怨，都是我们员工服务不到位或者操作失误所造成的，无论问题大小，我们都要积极地去面对顾客，不要拖延、逃避、心存侥幸，因为如果这样，只会增加顾客的失望值，直至顾客心痛地离开。

在这里我给大家讲述一个关于客诉的案例。事情发生在2月9号某洗衣店。在2月8号下午顾客送洗了一套杰尼亚西装，因为我们店承诺顾客干洗衣物保证24小时取衣，到2月9号上午顾客来店取衣服时，发现裤脚位置出现轻微破损状况，顾客说他的衣服刚买不足3个月，价值2.2万元，发票保留完好。由于店长在外面处理其他衣物，无法及时到达现场，只好让前台告知顾客店长下午进行解决。到了下午，我与店长准时到达店内，通过经验分析，裤子的破损位置都是裤脚里侧，系穿着时正常磨损导致，非本店操作失误所出现的破损。经过精心商量研究，在下午2点我们及时通知顾客解决方案。在与顾客解决问题时，从以下三点着手：

第一，客诉处理时间要快，不得拖延，更不能让顾客催促我们，而是我们要时刻跟顾客沟通，在问题解决的时间上，不能够输给顾客。

第二，处理客诉时，我们要准备几套不同的处理方案，在处理过程中，根据当时的状况、情景以及要出现的结果来实施不同的方案。

第三，在处理结果上，一定要让顾客满意，超出顾客期望值一点点。当然，不是我们店造成的问题，我们只承担相应的连带责任，但是有义务协陪顾客把问题处理完毕。

（三）善意的过度服务变成了索赔的砝码

为了满足顾客的需求，提高我们的服务品质，店员们每天都在寻找顾客的需求点，来提升洗衣店在本区域的影响力。但有时我们善意的服务，也会变成顾客索赔的砝码。在满足顾客需求的同时，我们是否也提高了自我保护意识？

我们用一个案例来说明一下。事情发生在2007年7月，李女士拿着一套白色的套装走到柜台前，她说这两件套装是在本店洗涤的，取走几个月后一直没有穿过，当拿出来穿时发现有缩小现象，要求店里给放大处理一下（顾客是本店的会员客户，但已经无法拿出在本店洗涤套装的证明材料）。出于满足顾客期望值意愿，店员把套装接收下来，开出了手写熨烫单据，并且免费处理。

当顾客拿到衣物时，说衣物处理的效果不好，要求继续处理。随后员工根据顾客的要求再次进行放大处理。当顾客再次拿到处理后的套装时，说处理得变形了，失去了使用穿着价值，要求赔偿。

从满足顾客需求愿望做事，变成了顾客索赔。为了处理好此客诉，本店搜集整理了大量的资料。顾客的消费记录记载，顾客在2006年12月在本店洗涤过类似套装的服装，截至顾客要求索赔时，时间长达7个月之久。根据当地洗染协会规定，顾客在取衣物时，应当面进行检查，提出任何异议应该不超过2天。而这位顾客却在7个月之后无任何凭证的情况下提出异议。按照相关规定洗衣店完全可以不接收此套装或重新开单收费处理。但为了满足顾客需求，超出顾客的期望值一点点，洗衣店做出了免费服务的承诺。实际上是善意的过度服务，最后却变成了顾客索赔的依据。

针对以上案例，前台在接待类似衣物时，应注意以下几点。

① 要确定处理的衣物是不是在本店洗涤的。

② 如果是在本店洗涤的，是什么时间洗涤的（超出一定时间，可以拒绝接收）。

③ 要处理的衣物是否经过穿着使用，如穿过，本店一般不接收。

④ 处理的衣物是本店洗涤的，取走时间在规定天数以内，本店可以接收并帮助处理，但不承担任何责任（并且要在单据上注明）。

（四）小心"不要取衣卡"的陷阱

顾客把衣服丢到柜台上转身就走，这种情形在我们洗衣店随时可以看到。你是否知道这已经埋下了隐患？

事情发生在浙江绍兴地区的一个加盟店，员工与往常一样紧张忙碌着收衣取衣，这时进来一个顾客来取衣物，前台店员让顾客出示取衣凭证，顾客说我的衣物一直在这里洗涤，取衣卡一直放到你们这里（确实这个顾客经常到店里来洗，而且也不拿取衣卡）。员工就按照顾客说的衣物查找，整个洗衣店翻遍了也没有找到顾客要取的衣物，经过电脑数据核对，也没有查到此件衣物。而这次顾客来取的衣物，其实洗衣店根本就没有收过。

顾客一口咬定衣物就是放到你们洗衣店了，而且取衣凭证没有拿也在你们店；而洗衣店则提出否定，确实没有收过此类衣物，面对这些没有任何证据的说法，双方都不肯让步。在相互僵持不下的情况下，最后顾客提出要求赔偿2000元现金，洗衣店也是为了息事宁人，答应赔偿顾客一张500元洗衣储值卡，顾客依然不能接受，要求至少赔偿1000元现金。在分歧较大的情况下，洗衣店经理与顾客商议争取请仲裁部门或派出所解决，但是顾客不肯，还找了一些社会上的人进行扰乱，面对这种情况，洗衣店经理与顾客经过多次沟通，终于达成共识，赔偿顾客一张1500元洗衣卡算是了结此事。

这个问题就是洗衣店明显被顾客敲了竹杠，但是顾客洗衣服一直不拿取衣卡，也是经常出现的事情，况且洗衣店又拿不出顾客没有洗涤衣物的证据，只能打掉牙齿咽到肚子里。

为了避免出现被敲竹杠的事情，敬劝各个洗衣店建立完整的标准操作体系，不要为顾客保留取衣卡，明确规定没有取衣卡是不能够取衣物的，卡挂失必须持身份证，并且提供正确的信息资料方可在限定期限内取走衣物。如果出现被敲竹杠的情况，应报警解决。

（五）留住一位老顾客比吸引五位新顾客更重要

在洗衣店经营中，由于我们的原因或者顾客自身原因，出现老客户流失问题，这些情况在我们众多加盟店中一直在出现，我们是否认真思考过，顾客的流失意味着什么？

开业初期，因为没有顾客光临绞尽脑汁想办法，三年后面对应接不暇的客人，我们昔日的服务热情、心态已经发生了很多改变。在这冷淡的服务中与激烈、残酷的商战里，作为经营者的你，如果不会留住老顾客，是否考虑过今后的路还能走多远？

每一个顾客的流失，都有他伤心的理由，顾客的抱怨，即是要流失的前言。

留住每一位新顾客是洗衣店持续发展的根本，留住一位老顾客更是稳定业绩的关键。我们来理解一下什么是老顾客，又能够给我们带来哪些好处呢？当顾客在洗衣店消费时感到满意，他才有可能回头，从"满意"再深入演化成"满溢"，这其实依赖于顾客消费时的感受和体验。如果在消费过程中顾客的感受是美好的，顾客就会有重复消费的可能，这样才会使头回客成为回头客，进而变成忠诚的老顾客。老顾客给洗衣店带来的好处是惊人的。

①老顾客忽视竞争品牌和广告，对价格不敏感，消费能力更强。

②老顾客对洗衣店更称心如意，与新顾客相比，使洗衣店降低了服务成本（例如衣架，老顾客会主动送回等）；同时员工在为老顾客提供服务的时候也会感到心情愉快，因为已经彼此熟悉，建立了良好的客户感情。

③老顾客会为洗衣店带来极好的口碑效应，为我们作免费宣传，使洗衣店节省了广告费用。

④老顾客已经成为我们的铁杆粉丝，愿意向洗衣店提出建议，并重复消费，使洗衣店有能力为他提供更好的服务。

⑤老顾客更具有包容度与理解心，因为某种原因，顾客没有按时取到衣物，老顾客可以谅解，相对来讲，新顾客就无法做到。

我们都知道发掘一个新顾客需要更高的代价与成本，从日常营销到时段广告宣传，从尝试洗衣到选择继续，开发新客户的成本是维护老客户成本的几倍，况且新顾客带来的消费能力远远低于老顾客，因为新顾客往往每次都是单件尝试洗涤。新顾客客诉率也高于老顾客，很多人会因为一点不满而兴师动众。洗衣店80%的利润来源于20%老客户的重复光临。因而持续地留住老顾客就成了洗衣店生存发展的重要保证，所以说留住一位老顾客比吸引五位新顾客更重要。

三、经营之道

（一）每天倾听十分钟，品质优劣心自明

寒冷的气流吹遍了祖国的大江南北，伴随着气温的逐渐下降，洗衣业务却是逐渐火热起来，面对衣物量突增的同时，我们的生产设施是否运转正常？我们员工的状态是否士气高涨？

一个洗衣店管理者，在每天完成销售计划指标的同时，还要做好洗衣生产模式管理。当你每日徘徊在员工与顾客之间时，看到的是员工的辛苦与劳累，在关心员工的同时，作为管理者的你是否忽视了对顾客的关注呢？每当看到员工汗流浃背的场面，他们的轻微失误，你是否有时都不忍心再批评？每当看到员工不辞劳苦地日夜加班的场景，曾经严格的要求是否也变得脆弱起来呢？在一次次不忍心中，你是否留意到我们的生产质量是否受到影响？我们的取衣速度是否还能保证在 24 小时？如果前者还未做好的话，你看到顾客不悦的表情了吗？你听到顾客的抱怨声了吗？

一个运营良好的洗衣店，对管理者来说，关心员工与关注生产虽然重要，但是关心顾客的感受则更重要。洗衣店每一天的成长，都离不开每一位顾客的惠顾，在洗衣市场的影响力，都缺少不了顾客赞美传递的话语。如何让顾客能够成为我们的忠诚顾客，变成快速复制良好的口碑效应呢？那就应该从众多方面来关注顾客的消费感受。聆听就是其中一种最能够关注顾客感受的方式。

在处理客诉时，管理者都明白，要三分说七分听，倾听顾客的苦衷与不满，倾听顾客的感受与抱怨，我们都会从倾听的行为里，发现顾客其中不满的缘由。在日常经营管理中，也可以把倾听变成我们的一种客户管理方式。我们也会从倾听中发现生产环节的不足，从而改进我们的服务。

倾听顾客的感受，我们不需要每时每刻地进行，因为众多事情也不允许管理者每天死盯某一个岗位。只要每天安排一定的时间去倾听，就可以很好地掌握顾客的动向与需求，就足以清楚了解我们的服务品质与洗衣品质。在倾听顾客感受的时间上，我们最好在顾客取衣送衣高峰期进行（18 点左右），也可以与顾客进行对话交流，或者亲自在前台接待服务 1~2 小时，让我们听听顾客怎么讲，顾客今天所讲的，就是我们明天需要改进的，顾客今天不满的，就是我们明天继续

努力的。

（二）你是员工的"镜子"

作为一个管理者，我们都会毫不放松地去要求员工，如何穿好制服、如何戴好工牌，面对顾客应该使用"您好""欢迎"等礼貌用语，以及不在店内饮食等，无论是管理制度还是例会总结，也许你都会每周讲述一遍，但是执行的结果是不是你所预想的呢？

在管理中有一个词叫"自重"，也就是说自己身为核心，更要重视自己。重视自己的措辞、重视自己的举动、重视自己的外表等。当管理者去执行一个操作手法或一种生产标准时，要关注它的可行度，首先要看自己能否完成、能否做到，如果自己都无法完成，那我们怎么去要求员工呢？以往我们都会严格要求员工工服穿戴整齐，不可在店内饮食等。而管理者自己有时却会违反自己曾经定下的规矩，如在店内穿休闲装出入、吃零食等，其实我们就是员工最典型的一个榜样，如果员工看到管理者都这样为所欲为，那么对员工来讲，就会把管理者讲的话当成耳边风了。

其实管理并不难做，做正确的事情比做错误的事情应该更简单，先管好自己比先管好员工更重要。

四、服务要求

（一）前台服务 3×3 原则

前台服务 3×3 原则，就是在整个服务接待过程中，要做到三声、三到、三清的原则标准，怎样做好 3×3 原则呢？

第一，接待三声原则。

在接待顾客服务过程中，我们前台服务人员要做到：顾客进门要有欢迎声、顾客提问要有回答声、顾客离店要有欢送声。

第二，热情三到原则。

前台接待员看到顾客进店时要做到热情三到：眼到、手到、意到。

眼到——也就是说，我们前台员工时刻要注意走进的顾客，禁止出现顾客进店后，我们服务人员还没有发现的情况。

手到——就是时刻准备着接过顾客要洗涤的衣物，或者顾客的取衣卡取衣服。

意到——就是说意识要清晰，要清楚顾客的需求所在，满足顾客的潜意识需求。

第三，开单三清原则。

在收衣过程中，我们收衣员要做到：看清、讲清、写清。

看清——就是在检查衣物时，看清面料成分、看清衣物破损、看清衣物存在的污渍、看清装饰物。

讲清——就是把衣物潜在的缺陷、洗涤后出现的状况向顾客讲清楚，还要把污渍是否能够洗涤彻底的问题讲明白。

写清——就是把衣物上面的缺陷在单据上标注清楚，还有与顾客形成的共同约定在单据上写详细，最后请客人签字认可，避免客诉产生时无依据可查。

（二）请问：顾客的腿有多长？

投诉总在员工失误中出现，抱怨总在员工疏忽中产生。一次次来回地奔跑，要穿衣物仍取不到，请问顾客的腿到底有多长？

在这里给大家讲一个案例，希望来提醒各位管理者注意。某店几天前有位顾客来洗涤2件毛衣和1件夹克，毛衣干洗可当日取衣，而夹克由于含有涂层只得水洗要次日才能取。到第二天晚上顾客来取衣物时，前台员工告知顾客由于夹克洗涤得不干净，需要进行返洗，顾客没有说什么就把毛衣取走了。

又过了2天，顾客来取夹克，还是没有取到，顾客一脸不悦，心情沮丧，再次无功而返。

又过了一周后，顾客再次到店内取那件久违的夹克，这次终于取到，顾客为此夹克反复奔波了3趟，所以对此夹克进行了仔细的检查，在检查中发现袖子与下摆部位有水印（由于漂洗不彻底造成），顾客平静的心情马上冲动起来，要求赔偿此件衣物，并且退卡。

后来经理出面首先向顾客道歉，经过与顾客协商无论此件夹克处理结果怎样，会在24小时内给顾客一个满意的答复，这样顾客才离开洗衣店。

我们来分析一下本次客诉的原因。

① 第一次顾客没有取到衣物，作为洗衣店，应该把衣物洗好后给顾客送到家里，而我们员工没有做到。

② 第二次顾客来取仍然没有取到，再次让顾客失望而归。

③ 第三次顾客来取时虽取到夹克了，由于质检不细心，留给顾客的仍是失望。

我们的质检关哪里去了？

我们的高质快捷在哪里？

我们员工的责任心又在哪里？

换位思考，假如我们到一个照片冲洗店 3 次还取不到照片，我们又会是一种什么样的心态？取到照片后发现照片冲洗得不满意又会怎么想？

为什么让顾客 3 次还取不到满意的衣物？我们应该深思。清醒过后，我们不但要加强员工业务的培训与态度的教育，更要提升顾客对我们的满意度。

（三）作好最后一道防线

对于喜欢足球的人来说，绿茵赛场上的每一个精彩的进球，都会给一个球队带来相拥祝贺的惊喜，同时也会给另一个球队带来无比失落的痛苦。是进球方前锋队员技术太高超，还是丢球方的守门员太懦弱？如果在双方实力相差无几的情况下，把这两个问题放到公平台上去衡量，丢球方的守门员恐怕会承受更多的责备。

守门员的主要职责就是守好门，阻止对方把球踢入球门。

对洗衣店而言，质检包装人员就好似绿茵赛场上的一名守门员，如果把问题说得严重一点，他的工作态度就决定了洗衣店未来发展的方向，也会对洗衣店的生死存亡产生影响。每一个细节的疏忽都会让顾客对我们产生不良的看法，每一次不负责任的"放水"，都有可能让顾客"移情别恋"。

在充满硝烟战火的洗衣市场，作为一个品牌洗衣店，我们还有多少疏忽让顾客去承受？

面临众多的洗衣品牌的竞争，我们还会制造多少"移情别恋"的机会让顾客选择呢？由于员工的流失，管理者大部分都把新招的员工安排到包装岗位上，进行包装质检工作。这样错误的安排往往会给洗衣店的质量控制埋下隐患，新招聘的员工没有经过总部系统培训，他们不了解顾客的消费需求，也不明白高质干洗是什么样子，更不清楚我们的质检标准是什么，把一个"门外汉"放到包装质检岗位上，好像塑料袋一套就万事大吉，这无疑为以后的工作埋下了一个定时炸弹。

在管理好每个岗位的生产工作的同时，我们更要关注质检包装岗位的重要性。在包装岗位中，质检人员首先要注重各个细节的检验与控制，尤其是污渍处理的状况是否达到最佳的效果；其次还要检查干洗后服装是否出现色的变化，水洗后是否出现缩水等问题；还要注重衣物附件的佩戴是否到位，如纽扣、腰带、毛领等；以及检查收衣单据上顾客特殊的要求是否完成。额外的，质检人员还要注意线头、毛边的修剪与开线的缝合等问题。

一个训练有素的包装质检人员，能够严肃地捍卫洗衣品质。

一个称职的包装质检人员，能够为洗衣店节约每一寸包装的消耗而负责。

（四）让工作变得更简单

在洗衣店，比较烦琐的就是包装岗位。包装岗位不仅承担着洗衣店质量的最终检验，而且还要当好"清洁工"。

这里的"清洁工"角色就是指粘掉织物上吸附的绒毛，在包装岗位工作过的员工，都会有深刻的体会。给衣物包装很简单，当好质检员也并不复杂，困难的、复杂的就是给每件衣物处理那些身外之客——绒毛。无论你多有耐心，也会为粘绒毛而困惑，当你面对粘绒毛困惑的时候，你是否想到更好的思路与方法来降低粘绒毛的痛苦呢？在这里给你一些小窍门，希望来缓解粘绒毛时的劳动强度。

① 做好干洗、水洗精确的分类，也就是说，易掉毛衣物一起洗涤，切勿将掉毛的衣物与不掉毛的衣物一起洗涤，避免出现绒毛"漫天飞舞"的状况。

② 干洗时对于毛呢、羊绒等织物，一定把衣物纽扣系好，翻过来洗涤，避免绒毛摩擦出现脱落。

③ 干洗时添加强洗剂与防静电剂，缓解静电产生带来绒毛吸附问题。

④ 按时清理绒毛收集器，避免上次洗涤脱落的绒毛对下一批衣物造成污染，确保每车洗涤脱落的绒毛都能够得到有效的清理。

五、操作要求

在操作过程中，应当严格要求降低成本。每个洗衣店的经营者，时刻都在为获取利润而努力，并且争取做到利润最大化。除去努力增加营业额以外，控制成本支出也是有效降低费用的最佳方式。成本控制小到纽扣、拉链的采购，大到房租租金的有效谈判，每一个环节都直接影响利润的产生。

四氯乙烯是洗衣店每天都在使用的干洗溶剂，如果使用不当，不但会增加成本的支出，还会给工作环境带来破坏，合理使用四氯乙烯是每个洗衣店员工应负的责任，在这里给大家细述一下如何合理使用四氯乙烯，来有效控制成本的支出。

① 干洗时保证每车衣物彻底烘干是节约四氯乙烯的主要方法。由于我们加盟店收衣量较大，为了提高洗衣速度，不是手动洗涤缩短洗涤时间，就是装衣数量过多，导致四氯乙烯无法彻底回收，造成了很大的资源浪费，同时四氯乙烯由于没有得到有效的回收，还会对环境带来很坏的影响。

② 蒸馏箱每天进行及时清理，可保持蒸馏箱工作的最佳化。如果长时间不清理蒸馏箱，蒸馏箱底层形成污垢后，会直接影响温度的传递，延长蒸馏时间，浪费电能。

③ 回收利用四氯乙烯。在我们每天对油水分离器进行排水时，有时会有一点四氯乙烯随之流出，久而久之，也会有不少四氯乙烯的浪费。我们可以用装色拉油的废桶来装油水分离器的废水，废水满时，我们只把废水排掉，把四氯乙烯留下，当四氯乙烯留下的多了，再倒进蒸馏箱进行蒸馏、回收利用，这也是节约四氯乙烯的好方法。

为了洗衣店利润最大化，费用成本支出最小化，工作环境健康化，合理使用并节约干洗溶剂是我们每个员工义不容辞的责任。

六、善待员工

（一）善待员工就是善待顾客

在走店过程中，我们经常会遇到这样的事情，就是员工流失问题，为什么员工不能够长期地做下去呢，是工作很辛苦还是老板太严厉？是薪水较低还是没有发展前景？无论前者还是后者，这些并不都是员工流失的真正理由吧。

有这样一句话我们经常听到，就是顾客第一！让我们来设想一下，如果员工的利益没有放在第一位，顾客在员工的心目中还是至高无上的吗？还是第一位吗？我们来看看美国罗森布鲁斯先生"顾客第二"的营销管理思路。

在当今企业营销中将"顾客第一"的口号叫得很响，但美国罗氏旅游公司的老板罗森布鲁斯先生却以"顾客第二"的营销之道，在短短15年就把原先只不过是费城地区的一家小旅社，经营为年营业额达15亿美元的世界三大旅游公司之一。罗氏的经营高招就在于：别人尽力讨好顾客，他却把重心放在公司雇员身上，做到"员工第一"。他认为，作为一个公司的老板，在市场观念上自然应该是"顾客第一"，但"攘外必先安内"，在经营管理上，则必须做到"员工第一"。因为公司市场行为的全部过程自始至终都体现着员工参与的主导作用。在这种思想的主导下，他把激发雇员的忠心和进取心放在首位，给大家营造出一个快乐舒心的工作环境，进而产生最佳的工作成果。试想，一个员工素质低、死气沉沉的商场怎能对顾客做到"微笑服务"？怎能塑造出良好的社会形象？

要想创造一流的服务，必须有一流的员工，一流的员工必须有良好的工作环境与善待他们的管理者。其实善待员工并不是给予他们物质作基础，而是在精神上、人格上、工作环境上，以及人文关怀上让员工得到满足。一句温暖的话语、一盒感冒药、一个生日蛋糕、一张探亲回家车票甚至一个甜蜜的笑脸，都可以将员工感化。只要管理者把员工的心暖热了，员工就会把顾客的心给暖化了。

（二）"技术全面"才是最终赢家

随着中国经济的快速增长，人力资源的短缺日益显露，同业之间的竞争也相当残酷。如何从激烈的竞争中来寻找有效的获胜方法呢？那就是更多地加强员工的素质培养。21世纪，企业的竞争不再是品牌的竞争，而是人才与人才之间的抗衡，洗衣行业也不例外。

过去，我们讲过招聘员工时的注意事项，当我们把最适合的人员招进来以后，要想尽一切办法，让员工为洗衣店做出应有的贡献。也就是说，让我们付出的薪水换回更高的回报。如何让员工在洗衣店生产中发挥到极点呢？如何让员工创造更高的价值呢？那就是对每一位员工以"技术全面，专业突出"为标准加以培养。

我们可以通过以下几点进行有效的分析。

① "技术全面，专业突出"可以降低员工的流失风险，不会因为某个岗位骨干员工的流失，给正常生产造成危机。

② "技术全面，专业突出"可以提高员工的就职周期，对每一个工作岗位进行轮番周期的调整，来刺激员工对不同岗位产生乐趣，员工不会因为每年重复机械性的工作而失去工作兴趣。

③ "技术全面，专业突出"可以提高工作效率。如果员工对于每个岗位都是熟练操作者，当前台同时出现多位顾客时，可以多人同时来完成接待收衣任务，以此提高工作效率，降低顾客的抱怨度。

④ "技术全面，专业突出"可以提高利润最大化。生产效率提高了，费用

成本就会降低（水、电等），洗衣事故也会降低很多，赔付减少，这也是利润最大化的有效手段之一。

综上所述，谁"技术全面，专业突出"谁就有可能成为最终的赢家！不是说员工技术全面了就只会选择跳槽，相对来讲，当"技术全面，专业突出"后，带来的收益远远大于跳槽的风险。作为管理者的你，又是如何做出选择的呢？

（三）维护形象建设，保障持续发展

很多顾客选择品牌洗衣店，是有原因的，最重要的原因就是看重这个洗衣品牌。因为洗衣品牌带给顾客的就是："高质、快捷、安全、干净、统一"感受。

在这里我们主要谈谈店面形象对洗衣店的影响。良好的洗衣店形象，会增加员工的荣誉感、归属感，也会给员工队伍带来良好的凝聚力。如果我们的店面形象维护不到位，例如玻璃模糊不清，灯箱招牌褪色破损，店堂角落残留有蜘蛛网，工作物品摆放杂乱无章，员工不着统一工装等，这样的形象不但对洗衣店不利，同样员工也会以自己是其中一员而自卑。这样的洗衣店员工，就很难形成团队的凝聚力，就像一盘散沙。凝聚力不强，形成不了合力，企业不会有太大的发展，更不会有较好的业绩。

良好的洗衣店形象是一种财富，给顾客极大的吸引力；同样也是一笔巨大的无形资产，可以极大地促进洗衣店的发展。说得通俗一点，就是洗衣店形象维护得好坏，对洗衣店的成败得失起到至关重要的作用。维护形象的建设，是持续发展最基本的保障。

（四）员工稳定是保证质量的基础

卓越的洗衣店来自于卓越的员工，打造一支高素质的员工队伍，是洗衣店兴旺发达的本源。当前，随着洗衣市场的逐渐成熟，其他众多字号的洗衣店相继出现，由于他们不掌握洗衣专业核心技术与营运操作要领，就会想尽一些方法来挖掘其他优秀洗衣店的技术员工。这种种诱惑，必然对员工的稳定产生影响。当员工在留与走之间徘徊的时候，做事的心态与工作的积极性已经不如从前，生产质量也会随之下滑。

员工稳定是质量控制的基础，如何稳定员工呢？首先我们先要了解员工不稳定的真正原因。

①同行"挖墙脚"唆使员工离职。很多其他品牌洗衣店，特别是新开业的洗衣店，为了使自己有更好的发展，成立之初就开始着手挖同行的墙脚，而员工一旦有出更高薪水的洗衣店向他们抛来橄榄枝，就可能会选择跳槽，稳定性也就大大降低。

②洗衣店工作气氛的影响。洗衣店是否有良好的工作氛围，在一定程度上足以反映出该洗衣店的影响力。没有影响力的洗衣店很难有号召力，而没有号召力的洗衣店，自然也不会有较强的凝聚力。

③洗衣店发展前景。一个优秀的或渴望发展的员工，对洗衣店的发展前景十分关注。只有洗衣店发展了，员工才会有发展，如果洗衣店前景暗淡，员工看不到前进的方向，就会对洗衣店失去信心。而对洗衣店没有信心的员工，就出现了不稳定状态，选择离职是迟早的事。失去了优秀的员工，质量如何得到保证？

④洗衣店薪酬水平。薪酬水平是影响求职者择业的重要因素之一。每到年底，洗衣店要总结，员工也要总结；洗衣店要盘点收获，员工也要盘点收获。马洛斯的需求层次论也将生存需求排在了首位。所以，只有我们洗衣店具备了有竞争力的薪酬水平，才有可能稳定住员工。

实际上，影响员工不稳定的原因是多种多样的，而真正的关键还是管理方法，只有可行的管理方法，才能有效解决员工非常规性的不稳定问题。

越是稳定的员工，技术功底越扎实，而技术功底扎实的员工，能够给予顾客高质的服务。总而言之，控制质量的基础在于做好员工的稳定性建设。

（五）招聘员工，你应该想到什么？

每当谈起运营管理时，首先想到的就是员工管理的话题。不是员工不服从安排分配，就是员工怠工误时浪费资源，甚至不辞而别给洗衣店的正常运营带来很大的影响。员工究竟为什么会这样做呢？其实要想用好每一位员工，在用人之初我们就要守好招聘关，在招聘员工时，最好的人才并不一定是我们选择的对象。俗话说得好，用好人不如用对人，怎么样才是用对人呢？建议大家可以参考以下几点来选择洗衣店的用工对象。

第一点：建议你在招聘员工时，首先要关注他对工作的需求程度，也就是说看他在乎不在乎这份工作。如果他不在乎这份工作，也就不是我们用人的对象了。

如果说指望这份工作拿薪水维持生活，招聘这样的人员也许可以做得会更好。如何了解他是否在意这份工作呢？可以从他的家庭背景了解（家庭是不是很富裕），也可以从他的穿着打扮了解（如果穿着的都是名牌服饰，洗衣店的薪水他根本无法长期接受的，也就不可能做得长久）。

第二点：要了解他的实际年龄、婚否。也就是说我们在招聘员工时，首先要考虑到选择的员工在2年以内有无结婚需求？如果最近2年内有结婚计划，那是否是我们选择的用工对象？培养好一个员工，至少要花费1年的精力才可以磨炼出来，如果他结婚离职，将前功尽弃，你要有这样的心理准备。

第三点：我们要了解已婚女工有没有生育计划。如果人很优秀，但是在2年内有生育计划，是否是我们选择的对象？因为她的生育问题，也会让我们前期所有的培养付之东流。

第四点：我们要了解员工有无先天病史，例如癫痫、心脏病、肝炎、肺结核、乙肝等传染病或者突发病。如果员工有类似疾病，不但会对整个团队的健康带来威胁，也会因为员工的突发病状的出现，让洗衣店背上不可逃避的责任。如何发现员工有无疾病？最好的方法就是当要录用时，让他去医院做一个体检。体检前先口头协议，如果有病本店不会录用，而且体检费用自行承担。如果身体健康本店就予录用，试用期过后体检费用由洗衣店报销。

第五点：文盲者不建议录用。从前台到后台各个岗位，每一步操作都离不开洗涤标示文字的查阅，文盲者也不是我们选择的对象。

第六点：年龄较小者不适合我们选择。因为年龄较小者性格不稳定，容易给洗衣店带来洗衣事故，而且未成年人在法律上也是禁止雇用的。

第七点：年龄较大者不适合我们录用。如果我们用工年龄在老龄化阶段，这会对我们的工作效率带来很大的影响。因为人随着年龄的增长，每个环节操作相对来讲都会慢化，这样会给我们带来低效率、高成本的运营结果。

第八点：视力较差者不适合我们。因为洗衣行业，每个岗位都有着质检员的职责，如果视力不好，会给我们的质量检查带来负面的影响。

你在招聘员工时在意过这些问题吗？

附录一　常用洗衣标识

附表 1-1　使用说明的基本图形符号

序号	名称		图形符号	说明
	中文	英文		
1	水洗	washing		用洗涤槽表示，包括机洗和手洗
2	氯漂	chlorinebased bleaching		用等边三角形表示
3	熨烫	ironing and pressing		用熨斗表示
4	干洗	dry cleaning		用圆形表示
5	水洗后干燥	drying after washing		用正方形或悬挂的衣服表示

附表 1-2　水洗图形符号

序号	图形符号	说明
1	95	最高水温：95℃ 机械运转：常规 甩干或拧干：常规
2	95	最高水温：95℃ 机械运转：缓和 甩干或拧干：小心

续表

序号	图形符号	说明
3	70	最高水温：70℃ 机械运转：常规 甩干或拧干：常规
4	60	最高水温：60℃ 机械运转：常规 甩干或拧干：常规
5	60	最高水温：60℃ 机械运转：缓和 甩干或拧干：小心
6	50	最高水温：50℃ 机械运转：常规 甩干或拧干：常规
7	50	最高水温：50℃ 机械运转：缓和 甩干或拧干：小心
8	40	最高水温：40℃ 机械运转：常规 甩干或拧干：常规
9	40	最高水温：40℃ 机械运转：缓和 甩干或拧干：小心
10	30	最高水温：30℃ 机械运转：常规 甩干或拧干：常规

序号	图形符号	说明
11	30	最高水温：30℃ 机械运转：缓和 甩干或拧干：小心
12		手洗，不可机洗 用手轻轻揉搓，冲洗 最高水温：40℃ 洗涤时间：短
13		不可拧干
14		不可水洗

附表 1-3 水洗后干燥图形符号

序号	图形符号	说明
1		转笼翻转干燥
2		不可转笼翻转干燥
3		悬挂晾干

续表

序号	图形符号	说明
4		滴干
5		平摊干燥
6		阴干

附表 1-4 干洗图形符号

序号	图形符号	说明
1	干洗	常规干洗
2	干洗	缓和干洗
3	干洗	不可干洗

附表 1-5　干洗符号中不同字母所表示的干洗剂类型

序号	图形符号	说明
1	（圆圈内含字母 A）	可使用所有常规干洗剂，包括符号 P 代表的所有溶剂以及三氯乙烯和三氯乙烷
2	（圆圈内含字母 P）	可使用四氯乙烯、一氟三氯乙烷和符号 F 代表的所有溶剂，不可使用三氯乙烯和三氯乙烷
3	（圆圈内含字母 F）	仅可使用三氟三氯乙烷和白酒精（蒸馏温度 150~210℃，燃点 38~60℃）

附表 1-6　氯漂图形符号

序号	图形符号	说明
1	（三角形　三角形内含 C1）	可以氯漂
2	（打叉的三角形　打叉的三角形内含 C1）	不可氯漂

附表 1-7　熨烫图形符号

序号	图形符号	说明
1	（熨斗内含三个点　熨斗内含"高"）	熨斗底板最高温度：200℃

续表

序号	图形符号	说明
2		熨斗底板最高温度：150℃
3		熨斗底板最高温度：110℃
4		垫布熨烫
5		蒸汽熨烫
6		不可熨烫

附录二　洗染业相关法律法规

　　法律法规是在企业经营当中，必须遵从的基本准则，为了使企业从一开始就严格按照国家的法律法规守法经营，在此摘录了与洗衣企业关系比较密切的相关法律条款及业内的规范标准，供企业在经营当中参考，希望这些文件能对你有所借鉴。

（一）中华人民共和国《洗染业管理办法》

　　洗染业管理办法是洗染行业的根本大法，是由中华人民共和国商务部、国家工商行政管理总局、国家环保部联合签发的关于洗染行业需要遵从的法令，希望每一位从业者认真学习。

中华人民共和国商务部
国家工商行政管理总局
国家环境保护总局　令
2007 年第 5 号

　　《洗染业管理办法》已经 2006 年 12 月 20 日商务部第 10 次部务会议审议通过，并经工商总局、环保总局同意，现予公布，自 2007 年 7 月 1 日起施行。

　　第一条　为规范洗染服务行为，维护经营者和消费者的合法权益，防止环境污染，促进洗染行业健康发展，根据国家有关法律、行政法规，制定本办法。

　　第二条　在中华人民共和国境内从事洗染经营活动，适用本办法。

　　本办法所称洗染，是指从事衣物洗涤、熨烫、染色、织补以及皮革制品和裘皮服装的清洗、保养等服务的经营行为。

　　第三条　商务部对全国洗染行业进行指导、协调、监督和管理，地方各级商务主管部门负责本行政区域内洗染行业指导、协调、监督和管理工作。

　　工商行政管理部门负责洗染企业的登记注册，依法监管服务产品质量和经营行为，依法查处侵害消费者合法权益的违法行为。

　　环保部门负责对洗染企业开设和经营过程中影响环境的行为进行监督管理，

依法查处其环境违法行为。

第四条 开设洗染店、水洗厂应在安全、卫生、环保、节水、节能等方面符合国家相关法律规定和标准要求。

新建或改建、扩建洗染店应当使用具有净化回收干洗溶剂功能的全封闭式干洗机。

逐步淘汰开启式干洗机。现有洗染店使用开启式干洗机的，必须进行改装，增加压缩机制冷回收系统，强制回收干洗溶剂；使用开启式石油衍生溶剂干洗机和烘干机的，还须配备防火、防爆的安全装置。

第五条 新建或改、扩建洗染店、水洗厂应依法进行环境影响评价，并经环保部门验收合格后，方可投入使用。

从事洗染经营活动的经营者，应当依法进行工商登记，领取营业执照。

经营者应当在取得营业执照后 60 日内，向登记注册地工商行政管理部门的同级商务主管部门办理备案。

第六条 经营者应当具有固定的营业场所，配备与经营规模相适应并符合国家有关规定的专用洗染、保管、污染防治等设施设备。

第七条 洗染店不得使用不符合国家有关规定的干洗溶剂。干洗溶剂储存、使用、回收场所应具备防渗漏条件，属于危险化学品的，应符合危险化学品管理的有关规定。

鼓励水洗厂使用无磷、低磷洗涤用品。

第八条 洗染业污染物的排放应当达到国家或地方规定的污染物排放标准的要求。新的行业污染物排放标准出台后，应执行新的行业排放标准。

干洗中产生的含有干洗溶剂的残渣、废水应进行妥善收集、处理，属于危险废物的，应依法委托持有危险废物经营许可证的单位进行处理、处置。

外排废水排入城市污水管网进行集中处理的，应当符合相应污水处理厂对进水水质的要求。有废水处理设施的，应对产生的污泥进行无害化处理。

不得将不符合排放标准的废水直接排放到河流、湖泊、雨水管线、渗坑、渗井等。

洗染店、水洗厂的厂界噪声应当符合《工业企业厂界噪声标准》（GB 12348—90）相应区域的规定标准。

第九条　经营者应当制定符合有关法律法规要求的安全生产、环境保护和卫生管理制度，为员工提供有效的防护用品，定期对员工进行安全、环保和卫生教育、培训。

第十条　从业人员应当信守职业道德，遵守国家法律法规；洗染技术人员应当具备相应的专业技能，鼓励洗染技术人员取得国家有关部门颁发的资格证书或有关组织及机构颁发的培训合格证书，持证上岗。

第十一条　经营者应当在营业场所醒目位置上悬挂营业执照，明示服务项目、服务价格以及投诉电话等。

第十二条　经营者在经营过程中应遵循诚实信用原则，对消费者提出或询问的有关问题，做出真实明确的答复，不得欺骗和误导消费者，不得从事下列欺诈行为。

（1）虚假宣传。

（2）利用储值卡进行消费欺诈。

（3）以"水洗""单烫"冒充干洗等欺骗行为。

（4）故意掩饰在加工过程中使衣物损伤的事实。

（5）其他违反法律、行政法规的欺诈行为。

第十三条　经营者在接收衣物时应当对衣物状况进行认真检验，履行下列责任。

（1）提示消费者检查衣袋内是否有遗留物品，确认衣物附件、饰物是否齐全。

（2）提示消费者易损、易腐蚀及贵重饰物或附件，明确服务责任。

（3）将衣物的新旧、脏净、破损程度和织物面料质地、性能变化程度的洗染效果向消费者说明。

（4）对确实不易洗染或有不能除净的牢固性污渍，应当告知消费者，确认洗染效果。

第十四条　经营者可以根据消费者意愿实行保值清洗，即由经营者和消费者协商一致做出书面清洗约定，约定清洗费用、保值额和服务内容。

对实行保值清洗的衣物，因经营者责任造成损坏、丢失的，或者清洗后直接影响衣物原有质量而无法恢复的，经营者应当根据与消费者约定的保值额予以赔偿。

第十五条 经营者在提供服务时应当向消费者开具服务单据。服务单据应包括：衣物名称、数量、颜色、破损或缺件状况，服务内容，价格，送取日期，保管期，双方约定事宜，争议解决方式等内容。

第十六条 经营者应当执行洗染行业服务规范、操作规程和质量标准，并指定专人负责洗染质量检验工作。

第十七条 经营者应当规范各工序衣物交接手续，防止丢失或损坏；对于脏、净衣物的存放和收付应当分离。

第十八条 医疗卫生单位的纺织品洗涤应在专门洗涤厂区、专用洗涤设备内进行加工，并严格进行消毒处理。

经消毒、洗涤后的纺织品应符合国家有关卫生要求。

第十九条 因经营者责任，洗染后的衣物未能达到洗染质量要求或不符合与消费者事先约定要求的，或者造成衣物损坏、丢失的，经营者应当根据不同情况给予重新加工、退还洗染费或者赔偿损失。

非经营者过错，由于洗涤标识误导或衣物制作及质量不符合国家和行业标准要求，造成未能达到洗染质量标准的，经营者不承担责任。

第二十条 商务主管部门应当通过制定行业发展规划、促进政策、标准和综合协调、指导行业协会工作等方式，规范洗染市场秩序，促进行业发展。

商务主管部门引导和支持成立洗染质量鉴定委员会，开展洗染质量鉴定工作；引导相关行业组织制定洗染行业消费纠纷争议的解决办法，维护经营者和消费者的合法权益。

第二十一条 洗染行业协会应当接受商务主管部门的业务指导，加强行业自律；开展倡导诚信经营、组织实施标准、提供信息咨询、开展技术培训、调解服务纠纷、反映经营者建议和要求等促进行业发展的工作。

第二十二条 经营者违反本办法规定的，法律法规有规定的，从其规定；没有规定的，由商务、工商、环保部门依据本办法第三条规定的职能责令改正，有违法所得的，可处违法所得3倍以下罚款，但最高不超过3万元；没有违法所得的，可处1万元以下罚款，并可予以公告。

第二十三条 各省、自治区、直辖市商务主管部门可以依据本办法，结合本行政区域内的洗染行业实际情况，会同有关部门制定相关的实施办法。

第二十四条　本办法下列用语的定义

全封闭式干洗机：是指以四氯乙烯或石油衍生溶剂作为干洗溶剂，配置溶剂回收制冷系统，在除臭过程中，机器内气体和工作场所气体不进行交换，不直接外排废气的干洗机。

开启式干洗机：是指以四氯乙烯或石油衍生溶剂作为干洗溶剂，采用水冷回收系统，在打开装卸门之前，通过吸入新鲜空气排出机器内干洗溶剂气体混合物进行除臭过程的干洗机。

染色：仅指洗染店对服装的复染或改染服务。

第二十五条　本办法自 2007 年 7 月 1 日起实施。

（二）北京市地方标准《洗染业服务质量标准》（DB 11/T 102—2005）

北京市洗染业服务质量标准是一个行业的地方标准，是北京地区洗染企业必须遵从的一个基本要求，虽然不属于强制性标准，但由于它是由北京市技术监督局正式签发的，也说明了它的权威性与重要性，所以希望每一位从业者都能对此标准给予足够的重视。

1. 范围

本标准规定了洗染业从事衣物的洗涤、熨烫、染色、织补以及皮革或裘皮衣物的清洗、保养等服务应达到的质量标准，检验方法以及质量界定原则。

本标准适用于北京市行政区域内各种洗染企业。

2. 规范性引用文件

下列文件中的条款，通过本标准的引用而成为本标准的条款，凡是注日期的引用文件，其随后所有的修改单（不包括勘误的内容）或修订版均不适用本标准，然而鼓励根据本标准协议的各方面研究是否可使用这些文件的最新版本，凡是不注日期的引用文件，其最新版本适用于本标准。

GB 4287—92《纺织染整工业水污染物排放标准》

GB 8978—88《污水综合排放标准》

3. 术语和定义

以下术语与定义适用于本标准。

3.1 洗染业（laundry and dyeing industry）

从事洗衣、烫衣、染色、织补以及皮革或裘皮衣物的清洗、保养等服务项目的经营单位。

3.2 洗衣（laundry）

利用各种洗涤机具、洗涤剂或有机溶剂，对各种衣物及针纺织品进行水洗或干洗。

3.3 熨烫（ironing）

运用各种熨烫机具和设备，将洗净后的衣物或新缝制的服装，经"定型"整理，去除褶皱，使衣物曲线造型清楚、挺括美观。

3.4 染色（dyeing）

运用各种染料、染色助剂和相应设备，对各类衣物及纺织品进行染色加工的工艺。

3.5 织补（weaving and sewing）

运用各种特制针具，以手工技艺，对各种破损的纺织物、针织物、地毯等，按照织物的原色、原纱、原组织，进行重新组合，使之恢复原样的工艺。

3.6 皮衣保养（leather care）

运用洗涤剂、染料、助剂及相关设备对各种皮革、裘皮进行清洗、补色、上光、护理等加工工艺。

4. 洗涤企业在洗涤服务时应达到以下要求

4.1 洗涤

4.1.1 水洗

（1）各类不同质地的衣物经洗涤后，各部位洗到、洗净，无损伤，不串色、不搭色。

（2）去掉污渍后不留痕迹，事先与消费者约定的特殊情况除外。

（3）漂洗后的衣物清爽、整洁、柔软，白色衣物不泛黄。

4.1.2 干洗。除达到水洗的质量要求外，还应做到以下两点。

（1）衣物不变色、不褪色、不变形、无异味。

（2）纽扣、夹里及衣物的其他附件以及饰物等，不受损坏或变形。

4.2 熨烫

4.2.1 经熨烫的服装平整、挺括、曲线造型美观，服装各部位符合原始样的要求，熨烫效果应有一定的持久性，交付时悬挂或折叠整齐美观。

4.2.2 熨烫衣物不变形，深色衣物无"反光"现象发生。

4.2.3 熨烫皮衣不脆裂，质地不受损。

4.3 染色

4.3.1 衣物染色前应进行退浆及洗净处理。

4.3.2 染后的衣物不花不绺，保持一定的染色牢度，颜色达到与消费者事先约定的色标要求。

4.3.3 衣物无浮色，平整，手感柔软。

4.4 织补

4.4.1 织补使用的原材料与织补物的质地、颜色、规格相一致。

4.4.2 织补后的部位与原织物的质地、颜色、经纬组织、密度和花纹变化相一致；对特殊的料子，特殊复杂花纹纺织物的纺织，在密度和纹路上的变化应大致相同。

4.4.3 针织衣物织补后线圈均匀，松紧适度，无抽缩或鼓痕的现象。

4.4.4 织补后织物表面平服，无残丝、无毛屑，四周接口严密，工艺细致，织补牢固，外观良好。

4.5 皮革、裘皮衣物清洗保养

4.5.1 洗净后的皮衣，整洁清爽，无异味，无损伤变形。

4.5.2 手感柔软、丰满，滑爽有弹性。

4.5.3 颜色纯正亮丽，光泽自然，无色花色绺。

4.5.4 整件皮衣挺括，涂饰抗拉抻、弯曲强度好，耐干、湿擦，高档皮衣还需具备一定的防泼水性能。

4.5.5 皮革衣物上色上光浆液涂饰均匀，吸色充分，各部位色泽一致，不发花，无浮色，外观整洁。

5. 专业条件和技术要求

洗染企业开业应具备的专业条件包括：经营服务场地、生产服务设施、经营管理和业务技术等方面。

5.1 经营服务场地

5.1.1 有固定的店堂或营业场所。

5.1.2 门面装饰美观大方，字号牌匾的文字书写规范、工整、醒目，店堂内外整齐清洁。

5.1.3 店堂设有专用的存衣设施和收付衣物的柜台。

5.1.4 加工生产车间房屋坚固、实用，光线充足，地面、墙面应达到易清洁、不脱落的要求。

5.2 生产服务设备设施

5.2.1 上、下水道及取暖通风设备完善，污水（包括干洗机使用的有机溶剂）及废弃物的排放应符合 GB 4287、GB 8978 及国家有关规定。

5.2.2 具有与经营项目相适应的水洗、干洗、脱水、熨烫、染色、织补以及皮革或裘皮衣物清洗上光的生产设备。

5.2.3 消防安全设施齐备。

5.3 经营管理

5.3.1 严格按政府的有关法律、法令和行业的有关规定组织经营管理。

5.3.2 各项规章制度、各工种的服务规范以及劳动保护办法健全。

5.3.3 应明示服务项目、收费标准、营业时间和交活期限。

5.3.4 有委托其他单位加工的服务项目，应明示双方所签订的合同。

5.3.5 使用印有本店字号、地址的收取衣物凭证。

5.4 业务技术

5.4.1 基本要求

从业人员应达到以下基本要求：

——信守职业道德，遵纪守法，具有初中以上文化程度或同等学力；

——具有技术等级证书或经过专业部门考核，达到岗位合格的要求。

5.4.2 岗位要求

5.4.2.1 负责人

——熟知国家和行业主管部门对经营洗染业的有关法律、法令和各项规定；

——熟悉经营洗染业的知识和所经营项目的专业技术知识，能解决经营服务中遇到的具体问题；

——具有一定的经营管理能力和组织领导能力。

5.4.2.2　水洗工

——了解纤维分类，能鉴别常见纤维的性质和特点；

——了解国际通用洗涤符号；

——了解洗衣机、脱水机的性能和原理，并会操作使用；

——具有搓、刷、投、晾等洗涤基本知识，并能实际操作；

——能根据各种衣物质料的新旧和污渍的性质以及脏净程度，选用不同洗涤剂和操作方法，做到洗净、不花、不走样、不损原质料。

5.4.2.3　干洗工

——掌握水洗一般棉、毛、丝、麻、化纤、混纺织物的操作技术，干洗时，还应掌握干洗操作技术，以及干洗机的保养方法与简单的维修技术；不同质地的衣物应达到各部位洗到、洗净、无损伤、无异味、不串色，去掉污渍后不留痕迹，衣物保持原色、原形，衣物的纽扣、夹里及附件饰物等不受损坏、不变形；

——皮革或裘皮衣物清洗上光的经营者，应了解皮革的种类、性能，了解皮革服装清洗上光的操作规程和质量标准，皮革上光剂、助剂的特性、配色方法，掌握常见皮革服装清洗上光的操作方法。

5.4.2.4　烫衣工

——了解纺织纤维织物的分类，并熟悉常见品种的基本性能和特点；

——了解国际通用熨烫标识符号；

——了解熨烫一般布料、毛料衣物的操作规程和质量标准，掌握常见织物的熨烫温度，能熨烫一般化纤、混纺纺织品制作的男女春秋衫、毛料上衣、西裤等；

——有去除一般污渍的知识和技能；

——安全使用熨烫工具，并掌握保养和维修的方法。

5.4.2.5　染色工

——了解纺织纤维分类，能鉴别纺织纤维（包括棉布、丝绸）的名称、性质、特点；

——较熟练地使用一般的染色工具、机具；

——掌握染槽、洗衣机、脱水机的使用安全操作知识；

——了解并掌握各种布料及一般丝绸、粗纺毛料和化纤织物的染色工艺流程和染色操作方法；

——了解染棉、麻、丝、毛和化纤织物相对应的染料及染料助剂的性能，并能使用这些染料进行染色，质量合乎要求。

5.4.2.6 织补工

——了解常见纺织纤维的性能及机织物、针织物的基本组织结构；

——了解纱线的基本分类和捻度方向；

——掌握一般机织品平纹、斜纹和针织品的平纹、罗纹的织补方法；

——能掌握一般针织物的组织分类和特点（经编、纬编组织）；

——能够掌握一般的机织品、纺织品织物的各种洞形的织补方法，基本做到外观平整、松紧适度、四角接口严密、纹路正直、拉毛均匀、熨烫平整无光。

5.4.2.7 营业员

——熟悉政府的有关法律、法令和企业内部的各项规章制度；

——熟悉本店经营项目的质量标准和收费标准；

——能识别常见纺织品及皮革制品或裘皮衣物的性能、特点，并了解其洗、染、烫、织和上光后应达到的要求和效果；

——收付衣物做到检查仔细、开票清楚、计价正确，对所收物品存在的质量问题，经顾客确认后，应在票据上作详细记载。

6. 检验方法

洗衣完成以后，要对衣物进行自检，发生洗衣质量纠纷的或政府职能部门的监督检查的抽检，应到指定的检测机构进行检验。

6.1 检验依据

依照以上衣物洗涤标准判定被检衣物是否达到要求，属于何种问题。洗衣凭证及被洗衣物是唯一的检测凭据。

6.2 检验方式

6.2.1 无损伤检测——被检衣物，以两名以上专家通过直观、手摸、比较等凭经验共同"会诊"，佐以放大镜、显微镜等简单不损伤衣物的方法；凭经验解决不了的衣物，也可经洗涤规整设备重新洗涤、熨烫等方法得出结论。

6.2.2 损伤检测——使用检测设备进行拉力测试、摩擦测试、色牢度测试，以及利用化学试剂进行必要的检测等方法出具结果。

6.3　检测程序

6.3.1　由委托人填写委托书，按委托书要求写明委托检测物品及委托检测项目等相关内容。

6.3.2　认真阅读、研究、分析取衣凭证。

6.3.3　认真判明洗衣标识。

6.3.4　根据被委托检测物品的委托检测要求，组织相应专长的专家进行"会诊"。

6.4　质量责任界定原则

6.4.1　下列情况洗染企业免责

（1）取衣凭证表明的原有瑕疵与被检测衣物问题一致的。

（2）取衣凭证明确表示可能出现的结果与被测衣物一致的。

（3）洗衣标识所要求的洗涤方式与经判断与洗衣企业所采用的一致而产生问题的。

（4）消费者坚持以错误的洗涤方式洗涤，并在洗衣凭证上明确注明，经消费者确认后进行洗涤的。

6.4.2　下列情况洗染企业承担责任

（1）洗衣企业未给消费者开具洗衣凭证的。

（2）洗衣企业在洗衣凭证上未标明问题的。

（3）洗衣企业在洗衣凭证上标注问题不足以说明问题的。

（4）洗衣企业未按标识洗涤（特殊约定除外）的。

（5）洗衣企业未达到洗染标准的。

（三）北京市地方标准《洗衣回用水水质要求》
（DB 11/471—2007）

我国是一个缺水大国，北京更是一个缺水城市，而洗染行业却是一个耗水大户，因此，洗衣废水的回用势在必行。此标准是一个强制性标准，今后所有的洗衣企业均有可能要按要求执行，如果我们新开一家洗衣店，不管是出于社会责任感，还是从社会的需要与经济利益的需要考虑，都应该预先考虑到这一点。

1. 范围

本标准规定了洗衣废水经处理后回用的水质要求、水质检验要求与方法、水质判定及处理。

本标准适用于洗染行业废水再利用。

2. 规范性引用文件

下列文件中的条款通过本标准的引用而成为本标准的条款。凡是注日期的引用文件，其随后所有的修改单（不包括勘误的内容）或修订版均不适用于本标准，然而，鼓励根据本标准达成协议的各方研究是否可使用这些文件的最新版本。凡是不注日期的引用文件，其最新版本适用于本标准。

GB 5749   城市饮用水标准

GB 5750   生活饮用水标准检验法

GB 11914   水质 化学需氧量的测定

ISO 9308–1   First edition 1990–10–01 Water quality–Detection and enumeration of coliform organisms，thermotolerant coliform organisms and presumptive Escherichia coli–Part 1： Membrane filtration method. ISO 9308–1 首版 1990–10–01 水质 – 大肠菌群、耐热性大肠杆菌和埃希氏大肠杆菌的测定和计数（首版）第一部分: 滤膜法。

3. 术语和定义、缩略语

（1）下列术语和定义适用于本标准

①洗衣废水（laundry waste water） 洗涤衣物等织品所产生的污水。

②洗衣回用水（laundry water recycling） 洗衣废水经处理后可再次用于洗衣的水。

（2）下列缩略语适用于本标准。

COD   化学耗氧量（chemical oxygen demand）

4. 水质要求

（1）洗衣用的源水应符合 GB 5749 的规定。

（2）洗衣回用水水质应符合附表 2–1 的规定。

5. 水质检验要求与方法

（1）使用洗衣回用水的单位应具备保证回用水水质达到附表 2–1 要求的能力和措施。

（2）在回用水进洗衣设备的进水口进行采样检验，并留存记录。

（3）色度、臭和味、浑浊度、肉眼可见物、细菌总数、总大肠菌群的检验方法按照 GB 5750 的规定执行。耐热性大肠菌群、埃希氏大肠杆菌的检测方法按照 ISO 9308-1 的规定执行。

附表 2-1　洗衣回用水水质要求

项　目		限　值
微生物指标	细菌总数	≤ 100 CFU[①]/毫升
	总大肠菌群	每 100 毫升水样中不得检出
	耐热性大肠菌群	每 100 毫升水样中不得检出
	埃希氏大肠杆菌	每 100 毫升水样中不得检出
感官性状和一般化学指标	色度（铂钴色度单位）	30
	臭和味	无异臭、无异味
	浑浊度	≤ 5 NTU[②]
	肉眼可见物	无
	COD_{Cr} 以 O_2 计	≤ 60 毫克 / 升

① CFU（colony forming unit）菌落形成单位，将稀释后的一定量的菌液通过浇注或涂布的方法，让其内的微生物单细胞一一分散在琼脂平板上，待培养后，每一活细胞就形成一个菌落。即每毫升菌液中含有多少单细胞。

② NTU 指浑浊度单位。

（4）COD 的检验方法按照 GB 11914 中规定的重铬酸钾法执行。

6. 水质判定及处理

（1）色度、臭和味、浑浊度、肉眼可见物、细菌总数、总大肠菌群、耐热性大肠菌群、埃希氏大肠杆菌中有一项不合格的即判定为不合格。

（2）回用水被判为不合格时应及时切断回用水的使用，查找原因并整改。恢复使用回用水之前应按附表 2-1 作全项检测。全项检测合格的方可继续使用。

（四）北京市地方标准《洗染业操作规程》
（DB 11/T 101—2007，代替 DB 11/T 101—1998）

洗染业操作规程是洗染行业操作必须遵从的规则，所有从业者在工作当中都应按其要求操作。

前　言

本标准代替 DB 11/T 101—1998《洗染业服务操作规程》。

本标准与 DB 11/T 101—1998 相比主要变化如下：

——按国家要求使用了规范用语；

——细分了操作程序；

——根据面料变化产生的相应要求，对规程进行了调整。

本标准由北京市商务局提出并归口。

本标准起草单位：北京诺标咨询有限公司、北京市洗染行业协会、北京市商务局、首旅普兰德洗衣公司。

本标准起草人：汪学仁、白智勇、柏际平、齐大同。

洗染业操作规程

1. 范围

本标准规定了洗染业收件服务、洗涤加工服务和交件服务要求。

本标准适用于洗染业各类经营单位。

2. 术语和定义

下列术语和定义适用于本标准。

2.1　洗染业（laundry and dyeing industry）

从事洗衣、烫衣、染色、织补以及皮革或裘皮衣物的清洗、保养等服务项目的经营单位。

2.2　洗衣（laundry）

利用各种洗涤机具、洗涤剂（粉）或各种有机溶剂，对各种衣物及针纺织品进行水洗或干洗以及皮革或裘皮衣物的清洗保养。

2.3　熨烫（ironing）

运用各种熨烫机具和设备，将洗净后的衣物或纺织品，经"定型"整理，去除折皱，使衣物曲线造型清楚、挺括或基本保持原有状态，纺织品平整。

2.4 染色（dyeing）

运用各种染料、染色助剂和相应设备，对各类衣物及纺织品进行染色加工。

2.5 织补（weaving and sewing）

运用各种特制针具，凭手工技能，对各种破损的纺织物、针织物、地毯等，按照织物的原色、原纱、原结构，进行重新组合，使之恢复或基本恢复原样。

3. 收件服务要求

3.1 经营者应向消费者提供服务的真实信息，对消费者提出或询问的有关问题，应作真实明确的答复。

3.2 经营者在接收消费者需洗染、熨烫、织补的衣物时，应按下列程序操作。

3.2.1 认真听取消费者关于洗、染、烫、织补衣物的具体要求。

3.2.2 分析并确认衣物面料的性能，对危害他人身体健康不易洗染或不能洗涤的衣物可以拒收。

3.2.3 检查衣物的状况，对服务所能达到的质量和效果向消费者作必要说明。

3.2.4 将衣物上易损、易腐蚀及贵重的附件或饰物保管好。

3.2.5 检查口袋内是否有遗留的物品，附件是否齐全，衣物的新旧和脏净程度，织物的性质、质地，有无损坏等情况。

3.3 经消费者确认后，填写服务单据，接收衣物。

3.3.1 洗染业服务单据应包括下列内容：衣物名称、数量、质地、颜色、破损或缺件状况，服务或加工的内容和方式，送取日期，保管期，消费者的必要信息，经营者的名称、地址、电话及监督单位电话。

3.3.2 服务单据应注明洗染、加工衣物因经营者损坏、丢失以及经营者逾期不交、消费者逾期不取，双方应负的责任和处理的办法。

3.3.3 填写服务单据后，经营单位应盖章，业务员签字。各工序操作人员完成加工任务后，也应在服务单据上签字或填写工号。

3.3.4 服务单据应为一式三联，一联存根，一联附加在衣物上，另一联交消费者妥为保存，作为领取衣物的凭证。

3.4 经营者应严格各工序衣物的交接手续，并有良好的衣物保管条件，防止丢失或损坏。

4. 洗涤加工服务要求

4.1 洗涤

4.1.1 衣物洗涤前，应按纤维质地、颜色深浅、新旧和脏净程度分类，确定洗涤方法、溶剂和投料的数量、次序。水洗时确定水温的高低、洗涤剂的种类和剂量、浸泡和洗涤的时间。需要预处理的要进行预处理。

4.1.2 不宜机洗的织物应手洗，手洗衣物要准确掌握温度时间和原料，每件衣物要单独完成水洗—去渍—洗刷—漂洗，防止搭色或咬色。

4.1.3 干洗时应清除衣物上易被溶剂溶解或损坏的附属物品。要进一步确认织物的性质，防止不适于干洗的织物洗涤后被损坏。

4.1.4 水洗衣物洗净后应漂洗干净，甩干，晾晒时保持平整。不宜晒干的衣物应在阴凉处晾干，需要上浆的要上浆。

4.1.5 无论是水洗（机洗）还是干洗衣物，洗涤后均应通过检查，按要求达到质量标准。

4.1.6 皮革或裘皮衣物的洗涤应根据不同的种类和质地，采用正确的洗涤护理方式和方法，以保证达到皮革或裘皮衣物洗涤的质量标准。

4.2 熨烫

熨烫衣物要依据衣物的熨烫标志符号或根据织物的质地、种类和结构，掌握正确的熨烫温度和采取正确的熨烫方法，使熨烫后的衣物达到质量标准。

4.3 染色

4.3.1 衣物染色前应采取正确的方法清除衣物上的污垢、杂质、浆、渍等，对改色的衣物要作剥色处理。

4.3.2 要按消费者的要求和织物的性质正确选择染料。染色时要根据染料的性能和颜色，掌握染色的温度和时间，使衣物着色均匀。

4.3.3 染后的衣物，要在清洗除掉浮色和杂质的基础上，按不同的颜色，用正确的化学药品进行固色处理，以提高着色牢固和显色性。

4.3.4 皮革染色的浆液要涂饰均匀，吸色充分，达到质量标准。

4.4 织补

织补衣物要按机织品和针织品不同织物的质地、织物组织结构和纹路，选择并确定正确的织补方法、织补工具和织补材料，织补后应作精心的修整，达到质量标准。

5. 交件服务要求

5.1 衣物洗、染、织补后均应按要求熨烫折叠整齐，经检验确认达到质量要求，方可交到营业员手里。

5.2 营业员在向消费者交付衣物时，服务单据的加工联、消费者的取物联和实物三者应核对无误，并经消费者确认后，方可收下取物联，将衣物交付消费者。

（五）《北京市洗染行业经营管理规范》
［京商交字（2004）55号］

北京市洗染行业经营管理规范，是由北京市商务局、北京市工商行政管理局、北京市质量技术监督局、北京市环境保护局、北京市水务局、北京市卫生局、北京市安全生产监督管理局、北京市城市管理综合行政执法局八个政府职能部门联合签发的自律性文件。从中也可以看到政府对此的重视程度与该文件的重要性。《规范》全面提出了洗染企业应该遵从的要求，希望在开店之前，你能够很好地领会。

《北京市洗染行业经营管理规范（试行）》

第一章　　总　　则

第一条　为加强本市洗染行业管理，规范市场秩序和企业经营行为，保护经营者和消费者的合法权益，促进洗染业的有序发展，根据《中华人民共和国消费者权益保护法》《中华人民共和国职业病防治法》及其配套管理办法、中华人民共和国行业标准《洗染业开业的专业条件和技术要求》、北京市地方标准《洗染业质量标准》《洗染业服务操作规程》《北京市实施＜中华人民共和国水污染防治法＞办法》《北京市实施＜中华人民共和国水法＞办法》《北京市水污染物排放标准》《北京市实施＜中华人民共和国大气污染防治法＞办法》等有关规定，制定本规范。

第二条　本规范所称洗染业是指从事衣物清洗、熨烫、染色、织补以及皮革制品或裘皮衣物的清洗、保养等经营服务的行业。

第三条　本规范规定洗染业经营管理的基本要求，适用于本市行政区域内的洗染业企业、个体工商户和从业人员。

第四条　商务部门是洗染行业的主管部门，负责制定行业标准、行业发展规划、对洗染企业进行信用评价及综合协调等工作。

依据《产品质量仲裁检验和产品质量鉴定管理办法》（原国家质量技术监督局 1999 年第 4 号令）的规定，成立由有关方面人员组成的洗染责任鉴定委员会，进行洗染质量鉴定，协调解决经营者与消费者经营服务发生的重大纠纷等问题。

第五条　本市洗染行业协会要加强行业自律，积极协助政府有关部门做好对洗染企业经营服务的监督管理和对消费者合法权益的保护工作。

（一）根据本市洗染业的发展规划，指导行业合理布局、有序发展，协助政府规范洗染市场。

（二）树立便民、为民、利民的经营服务宗旨，组织对经营者遵纪守法、依法经营进行教育。在行业中倡导爱岗尽责、诚实守信、优质服务、方便群众的职业准则。

（三）维护经营者和消费者的合法权益。

（四）履行对行业经营条件、技术水平、工艺、环保、节水、节能及从业人员挂牌服务的监督。

（五）规范经营服务，公开营业执照、专业资格证明、服务项目、价目表、质量标准、投诉电话等。

第二章　开业条件

第六条　开设洗衣店，应当遵守下列规定。

（一）向工商行政管理部门申请登记，依法领取营业执照。

（二）符合本市洗染业的发展规划。

（三）依据《中华人民共和国环境影响评价法》《建设项目环境保护条例》等有关法规，向环境保护行政主管部门申请办理"建设项目环境保护审批"的行政许可。

（四）依据《建设项目环境保护管理条例》，新建洗衣项目竣工后，须向环境保护行政主管部门申请办理"建设项目环保设施验收"的行政许可。经验收合格后，方可投入使用。

依据《北京市实施〈中华人民共和国水法〉办法》的规定，新建洗衣项目竣工后，须向水务行政主管部门申请办理"建设项目配套节水设施竣工验收"的行政许可。经验收合格后，方可投入使用。

干洗店开业前需办理用水指标的核定，超定额指标用水交纳加价水费。

第七条　开业的硬件条件、规定和人员素质要求

（一）洗衣店应当符合 SB/T 10271—1996、GB 4287—92、GB 8978—88 的要求和国家及本市的有关规定。

1. 符合市环保局《建设项目环境保护审批》行政许可事项的有关规定。

（1）符合建设项目基本要求。

（2）洗衣设施不得设在居民楼内或第二层以上为居住功能的综合楼内。

（3）干洗须使用环保型干洗剂。锅炉须使用清洁能源。洗衣、烘干机使用低噪声设备，符合所在区域噪声功能区标准。

（4）洗衣店必须独立安装计量水表，按表计量收费。

（5）干洗机必须使用循环水。

2. 干洗店、干洗机应当符合 GB 16204—1996、QB/T 2326—1997（修订）的技术指标规定。

（1）干洗店开业，四氯乙烯干洗机应符合下列条件。

①干洗控制必须加装冷凝回收装置，提高溶剂回收率。滚筒内四氯乙烯最高浓度不得高于 300ppm（1ppm=1 毫克 / 千克）。

②必须具备干洗机在运转时的安全密闭装置、油水分离器、上下水防止返水装置等。

③安装活性炭过滤排空系统，溶剂的挥发度不能超过 25~27ppm。尾气排放须达到国家和北京市大气污染物排放标准。

④四氯乙烯残渣处理必须符合国家和北京市危险废物及废弃危险化学品处置相关规定的要求。

⑤必须有良好的通风设施，主机上部的排风道排风量要达到 0.5 米^3/ 秒，车间空气中四氯乙烯最高容许浓度为 200 毫克 / 米^3。

（2）石油溶剂干洗机应符合防火安全标准。

（3）不得使用含氟溶剂作为干洗剂。

3. 水洗店必须符合《北京市实施〈中华人民共和国水法〉办法》、《北京市实施〈中华人民共和国水污染防治法〉办法》、GB 4287—92、GB 8978—88 等的规定。

（1）必须安装回用水处理装置，达到环保、节水、节能要求。

（2）必须安装水处理装置，不得将废水直接排入河流、湖泊、雨水管线、渗坑、渗井等；通过中水设备处理回用后的废水，应当按规定排入城市污水管网，以便污水集中处理。

（3）废水排放应当达到《北京市水污染物排放标准》。

4. 根据《中华人民共和国职业病防治法》及其配套管理办法的规定，干洗店必须采用有效的职业病防护措施，并为劳动者提供有效的个人使用的职业病防护用品。新建、改建、扩建洗涤厂须经过卫生部门的预防性卫生审查。

用人单位（经营者）根据《中华人民共和国职业病防治法》第三十条的规定，用人单位与劳动者签订劳动合同（含聘用合同）时，应将工作过程中可能产生的职业病危害及其后果、职业病防护措施和待遇等如实告知劳动者。

经营者要组织从业人员进行上岗前、在岗期间和离岗时的职业健康检查，并将检查结果如实告知从业人员。职业健康检查应当由市卫生行政部门批准的医疗卫生机构承担。从业人员的健康检查费用由经营企业承担。

（二）有固定的店堂或营业场所，店堂设有专用的存衣设施和收付衣物的柜台。

（三）经营场所的醒目位置，应悬挂营业执照、服务项目、价目表、专业资格证书、投诉受理单位和电话等。

（四）从业人员基本要求

（1）从业人员应当信守职业道德，熟悉政府的有关法律、法令和企业内部的各项规章制度，遵纪守法。

（2）从业人员须具有技术等级证书或经过专业部门考核，达到岗位合格的要求。

第三章　经营服务管理

第八条　洗染经营者不得有以下行为。

（一）不符合安全、卫生、环保、节能、节水等要求，擅自开业经营。

（二）不明示服务项目、明码标价，随意要价。

（三）加工方法和服务方式有欺诈行为，以"水洗"冒充"干洗"。

（四）使用不符合国家或行业标准的伪劣设备和原辅材料。

（五）干洗溶剂尾气、生产废水、噪声等污染物和废弃物排放超过国家或北京市有关标准。

（六）洗染技术工种人员无证上岗。

（七）其他违法经营行为。

第九条　经营者接收送洗衣物时，应当认真听取消费者洗、染、烫、织衣物的具体要求，对消费者提出或询问的有关问题，应作真实明确的答复，向消费者提供服务的真实信息。

第十条　经营者接收衣物时，应对衣物状况进行认真检验，履行下列责任。

（一）衣袋内是否有遗留的物品、附件，饰物是否齐全，衣物的破损情况，脏净程度等。

（二）应当提示消费者易损、易腐蚀及贵重饰物或附件，明确保管责任，并在服务单据上注明，经消费者认可。

（三）应当将衣物的新旧、脏净程度和织物面料质地、性能变化程度（标准允许范围）的洗涤（染）效果向消费者讲明，经消费者确认后方可接收衣物。

（四）确实不易洗染的或有不能除净的牢固性污渍，经营者应与消费者经过协商，确认洗涤效果，并在服务单据上注明后，可提供清洗。

第十一条　经营者对于价格超过2000元的高档服装，可实行保价精洗。即由消费者提出衣物的价格，并在双方协商一致的前提下，作出书面保价精洗（染）约定，由消费者交纳不超过议定价格5%的保价精洗（染）费。在特殊情况下，保价精洗（染）费也可由经营者与消费者共同协商确定。

第十二条　经营者在洗涤衣物时，应查验衣物上的洗涤标识，并按照衣物的质地、颜色深浅、脏净程度及污渍情况分类，采用正确的洗涤方法。

第十三条　提供下列特殊服务的，应当视衣服的种类、质地、结构等，采用正确的方法处理。

（一）皮革制品和裘皮衣物的清洗、保养。

（二）熨烫衣物。

（三）衣物染色和皮革制品涂饰。

（四）织补衣物应基本按照纺织品和针织品不同织物的质地、组织结构和纹路，选择并确定正确的织补方法、织补工具和织补材料，织补后应做精心修整。

第十四条　经营者应设立专门人员负责洗染质量的检验工作，严格各工序衣物交接手续，严防丢失或损坏。

第十五条　洗染业服务单据应实行一式三联制，经营者人员和消费者签字后约定生效。服务单据应包括下列内容：衣物名称、品牌、数量、质地、颜色、破损或缺件状况、服务或加工的内容和方式，送取日期，保管期，消费者姓名、地址、联系电话，经营者名称、地址、联系电话，以及投诉受理单位和电话。

第四章　质量要求

第十六条　经过洗涤、消毒的棉织品必须符合的卫生标准。

（一）细菌总数：$<200CFU/25$ 厘米 ^{2}。

（二）大肠菌群：不得检出 /50 厘米 ^{2}。

（三）致病菌：不得检出 /50 厘米 ^{2}。

第十七条　衣物洗染应当达到洗染质量标准或符合与消费者事先约定的要求。

第十八条　不同质地的衣物经水洗洗涤（约定情况除外）应当达到各部位洗到、洗净、无损伤、不串色、不搭色；去掉污渍后不留痕迹；漂洗后的衣物干净、整洁、柔软，无异味。

第十九条　不同质地的衣物经干洗（约定情况除外）应当达到各部位洗到、洗净，无损伤，无异味，不串色；去掉污渍后不留痕迹；衣物保持原色、原形；衣物的纽扣、夹里及其他附件、饰物等，不受损坏或变形。

第二十条　皮革制品和裘皮衣物清洗保养后（约定情况除外），应达到不变形、皮质柔软、色泽均匀、着色牢固、毛感松软、有弹性、洁净无异味。

第二十一条　经熨烫的服装平整、挺括、不变形、不漏熨、无死褶、无烫痕、线条明快、整洁美观，熨烫效果有持久性。

第二十二条　经染色的衣物应当确保质地不受损，保证染色牢度，不花不绺，颜色达到与消费者事先约定的要求。

皮革制品上色上浆喷刷均匀，色泽一致，牢度好，皮质无损，夹里不搭色，外观整洁。

第二十三条　衣物织补的部位与原衣物的质地、颜色、经纬组织、密度和花纹变化应当一致；复杂花纹衣物的纺织、密度和纹路的变化大致相同。织补后应表面平整，无残丝、无毛翘，织补牢固，外观良好。

第五章　赔偿原则

第二十四条　因经营者的责任，洗染后的衣物未能达到洗染质量要求或不符合与消费者事先约定要求的，或者造成衣物损坏、丢失的，经营者应根据不同的情况给予重新加工、退还洗染费或者赔偿损失。

第二十五条　价值超过2000元的衣物因经营者的责任造成损坏、丢失的，或经专业技术鉴定未能达到洗染质量标准要求，并直接影响衣物原有质量而无法恢复的，经营者应根据与消费者收衣时议定的价格，予以全额赔偿。

第二十六条　对于非保价服务的衣物，因经营者的责任造成损坏、丢失的，应根据购衣凭证所标注的购物时间、价格实行折价赔偿。年折旧率为20%（不足按一年计），逐年递增，折旧率最高不超过70%。购买时间不超过三个月的赔付额应当为购买价格的95%；购买时间不超过六个月的赔付额应当为购买价格的90%。服装可实行保价精洗。

不能出示购衣凭证的，可依据收件单上记录的品牌参考市场价，以折旧估价赔偿。按洗涤费用最高不超过20倍给予赔偿。赔偿后的衣物归经营者所有，如消费者索要，可减少30%的赔款。

第二十七条　因经营者责任造成套装单件损坏或丢失的，只作单件赔偿，衣裤比例为6:4；套装全部损坏或丢失的，按套进行赔偿；具体方法按本规范第二十六条规定进行赔偿。

第二十八条　因经营者责任造成衣物附件或饰物损坏、丢失，不影响正常穿着的，只作单项配置或赔偿；影响正常穿着的，按本规范第二十六条规定进行赔偿。

第二十九条　按照衣物上洗涤标识进行洗衣经营者应认真查验未标明品牌、规格、新旧程度的判明，对于洗染标识不准确的，应当提示消费者，并采取正确的洗涤方法。消费者仍坚持以洗涤标识进行衣物洗涤的，由于洗涤标识的误导，造成未能达到洗染质量标准或不符合与消费者事先约定的要求的，经营者可不承担责任。

第三十条　经质检机构检验证明，衣物制作及质量不符合相关国家标准，经营者在正常洗染加工后出现褪色、缩水、起泡、变形等情况的，经营者可不承担责任。不能提供证明的，由经营者承担质量责任。

第三十一条　消费者与经营者发生赔偿争议的，可按照《中华人民共和国消费者权益保护法》规定的途径解决。

第六章　安全管理

第三十二条　设备设施必须符合安全规定。

（一）机械、电器、压力容器必须经过有关部门安全测试，符合安全规定的要求。

（二）新置洗衣设备必须持有出厂检验合格证明，洗衣用的特种设备、计量器具必须经技术监督部门检验合格，方可使用。正在使用的洗衣设备必须经过技术监督部门的重新检验，不合格者一律停止使用。

（三）干洗设备必须安装报警装置，如设备运转不正常，干洗机可自动报警断电停机。

第三十三条　使用石油作为干洗溶剂的洗衣店，必须有严格的防易燃措施和规章制度。

第三十四条　设备操作人员须经过专业知识和正规的安全知识培训，实行持证上岗，无证人员一律不准操作设备。

第三十五条　每个洗衣店（公司）须按有关规定，配备安全管理人员，确保安全。

（一）须配备经过专业安全培训的专职或兼职安全员。

（二）须配备专（兼）职的职业卫生专业人员，依据《中华人民共和国职业病防治法》负责本单位的职业病防治工作，建立健全工作场所职业病危害因素检测及评价制度、职业卫生档案和劳动者健康监护档案、职业病危害事故应急救援预案。

（三）对产生严重职业病危害的作业岗位，应当在其醒目位置，设置警示标识和中文警示说明。警示说明应当载明产生职业病危害的种类、后果、预防以及应急救治措施等内容。

第七章　监督管理

第三十六条　商务、工商、质监、环保、水务、卫生、安全生产监督管理、城管等部门应当加强对洗染行业的监督管理。对违反本《规范》的，按照各自职权依法查处。

第八章　附　　则

第三十七条　本规范由北京市商务局负责解释。

第三十八条　涉及的洗染合同示范文本由北京市工商行政管理局、北京市商务局、北京市洗染行业协会制定。

第三十九条　本规范自 2004 年 10 月 1 日起执行。

（六）《北京市洗染行业自律公约》

为加强洗染行业管理，规范市场秩序和企业经营行为，保护经营者和消费者的合法权益，促进洗染业健康有序发展，根据《中华人民共和国消费者权益保护法》、中华人民共和国行业标准《洗染业开业的专业条件和技术要求》等有关法律法规，制定本公约。本公约适用于北京市行政区域范围内的经营管理活动。公约如下。

一、从事洗染业的经营者应当按照国家有关规定向工商行政管理部门申请登记，领取营业执照；在领取营业执照后的 15 日内应到所在区县行业协会或直接到北京市洗染行业协会办理备案登记。

二、经营者应遵纪守法、依法经营，积极倡导便民、利民、为民服务的经营思想。

三、经营者应教育员工树立爱岗尽责、诚实守信、优质服务、方便群众的敬业精神。

四、企业从业人员应持证上岗，挂牌服务。

五、经营者在受到不法侵害时可通告洗染行业协会，协会应尽全力为企业维权。

六、经营者应具备相应的经营条件和专业技术水平。

七、经营者应在经营场所醒目的位置上悬挂营业执照、专业资格证明、服务项目、价目表、质量标准、投诉电话等。

八、禁止使用伪劣原材料。工艺要达到无污染、无菌、无异味、节能的要求。

九、洗衣门店、场所的噪声、排污应达到环保法规的规定。洗衣设备应与所在地区的环保要求达到一致。

十、争取实行同行议价，不搞恶性竞争。

本公约所称洗染业是指从事衣物清洗、熨烫、染色、织补以及皮革制品或裘皮衣物的清洗、保养等经营服务的行业。

北京市洗染行业协会将协助工商行政等管理部门做好对洗染行业的管理和服务工作。

本公约有与国家法律法规相悖之处，遵从法律法规。

（七）中华人民共和国国家标准
《中华人民共和国消费者权益保护法》（节选）

作为窗口行业，每天都要和消费者直接接触，并有可能出现意见不统一，或发生利益上的冲突，如何保障消费者的正当权益，以及如何维护企业及营业员本身的合法权益，并做得有法可依，《中华人民共和国消费者权益保护法》都作了权威的诠释，为了使员工能够尽快地了解与本行业密切相关的条款，在此对该法进行了节选。

第一章　总　　则

第一条　为保护消费者的合法权益，维护社会经济秩序，促进社会主义市场经济健康发展，制定本法。

第二条　消费者为生活消费需要购买、使用商品或者接受服务，其权益受本法保护；本法未作规定的，受其他有关法律、法规保护。

第三条　经营者为消费者提供其生产、销售的商品或者提供服务，应当遵守本法；本法未作规定的，应当遵守其他有关法律、法规。

第四条　经营者与消费者进行交易，应当遵循自愿、平等、公平、诚实信用的原则。

第五条　国家保护消费者的合法权益不受侵害。国家采取措施，保障消费者依法行使权利，维护消费者的合法权益。

……

第二章　消费者的权利

第七条　消费者在购买、使用商品和接受服务时享有人身、财产安全不受损害的权利。消费者有权要求经营者提供的商品和服务符合保障人身、财产安全的要求。

第八条　消费者享有知悉其购买、使用的商品或者接受的服务的真实情况的权利。消费者有权根据商品或者服务的不同情况，要求经营者提供商品的价格、产地、生产者、用途、性能、规格、等级、主要成分、生产日期、有效期限、检验合格证明、使用方法说明书、售后服务，或者服务的内容、规格、费用等有关情况。

第九条　消费者享有自主选择商品或者服务的权利。消费者有权自主选择提供商品或者服务的经营者……

……

第十一条　消费者因购买、使用商品或者接受服务受到人身、财产损害的，依法享有获得赔偿的权利。

……

第三章　经营者的义务

第十六条　经营者向消费者提供商品或者服务，应当依照《中华人民共和国产品质量法》和其他有关法律、法规的规定履行义务。经营者和消费者有约定的，应当按照约定履行义务，但双方的约定不得违背法律、法规的规定。

第十七条　经营者应当听取消费者对其提供的商品或者服务的意见，接受消费者的监督。

……

第十九条　经营者应当向消费者提供有关商品或者服务的真实信息，不得作引人误解的虚假宣传。经营者对消费者就其提供的商品或者服务的质量和使用方法等问题提出的询问，应当作出真实、明确的答复。商店提供商品应当明码标价。

第二十条　经营者应当标明其真实名称和标记。租赁他人柜台或者场地的经营者，应当标明其真实名称和标记。

第二十一条　经营者提供商品或者服务，应当按照国家有关规定或者商业惯例向消费者出具购货凭证或者服务单据；消费者索要购货凭证或者服务单据的，经营者必须出具。

第二十二条　经营者应当保证在正常使用商品或者接受服务的情况下其提供的商品或者服务应当具有的质量、性能、用途和有效期限；但消费者在购买该商品或者接受该服务前已经知道其存在瑕疵的除外。经营者以广告、产品说明、实物样品或者其他方式表明商品或者服务的质量状况的，应当保证其提供的商品或者服务的实际质量与标明的质量状况相符。

第二十三条　经营者提供商品或者服务，按照国家规定或者与消费者的约定，承担包修、包换、包退或者其他责任的，应当按照国家规定或者约定履行，不得故意拖延或者无理拒绝。

第二十四条　经营者不得以格式合同、通知、声明、店堂告示等方式作出对消费者不公平、不合理的规定，或者减轻、免除其损害消费者合法权益应当承担的民事责任。格式合同、通知、声明、店堂告示等含有前款所列内容的，其内容无效。

第二十五条　经营者不得对消费者进行侮辱、诽谤，不得搜查消费者的身体及其携带的物品，不得侵犯消费者的人身自由。

……

第四章　国家对消费者合法权益的保护

第二十九条　有关国家机关应当依照法律、法规的规定，惩处经营者在提供商品和服务中侵害消费者合法权益的违法犯罪行为。

第三十条　人民法院应当采取措施，方便消费者提起诉讼。对符合《中华人民共和国民事诉讼法》起诉条件的消费者权益争议，必须受理，及时审理。

……

第六章　争议的解决

第三十四条　消费者和经营者发生消费者权益争议的，可以通过下列途径解决。

（一）与经营者协商和解。

（二）请求消费者协会调解。

（三）向有关行政部门申诉。

（四）根据与经营者达成的仲裁协议提请仲裁机构仲裁。

（五）向人民法院提起诉讼。

……

第三十六条　消费者在购买、使用商品或者接受服务时，其合法权益受到损害，因原企业分立、合并的，可以向变更后承受其权利义务的企业要求赔偿。

第三十七条　使用他人营业执照的违法经营者提供商品或者服务，损害消费者合法权益的，消费者可以向其要求赔偿，也可以向营业执照的持有人要求赔偿。

……

第三十九条　消费者因经营者利用虚假广告提供商品或者服务，其合法权益受到损害的，可以向经营者要求赔偿。广告的经营者发布虚假广告的，消费者可以请求行政主管部门予以惩处。广告的经营者不能提供经营者的真实名称、地址的，应当承担赔偿责任。

第七章　法律责任

第四十条　经营者提供商品或者服务有下列情形之一的，除本法另有规定外，应当依照《中华人民共和国产品质量法》和其他有关法律、法规的规定，承担民事责任。

……

（七）服务的内容和费用违反约定的。

（八）对消费者提出的修理、重作、更换、退货、补足商品数量、退还货款和服务费用或者赔偿损失的要求，故意拖延或者无理拒绝的。

（九）法律、法规规定的其他损害消费者权益的情形。

……

第四十八条　依法经有关行政部门认定为不合格的商品，消费者要求退货的，经营者应当负责退货。

第四十九条　经营者提供商品或者服务有欺诈行为的，应当按照消费者的要求增加赔偿其受到的损失，增加赔偿的金额为消费者购买商品的价款或者接受服务的费用的一倍。

第五十条　经营者有下列情形之一，《中华人民共和国产品质量法》和其他有关法律、法规对处罚机关和处罚方式有规定的，依照法律、法规的规定执行；法律、法规未作规定的，由工商行政管理部门责令改正，可以根据情节单处或者并处警告、没收违法所得、处以违法所得一倍以上五倍以下的罚款，没有违法所得的，处以一万元以下的罚款；情节严重的，责令停业整顿、吊销营业执照。

（一）生产、销售的商品不符合保障人身、财产安全要求的。

（二）在商品中掺杂、掺假，以假充真，以次充好，或者以不合格商品冒充合格商品的。

（三）生产国家明令淘汰的商品或者销售失效、变质的商品的。

（四）伪造商品的产地，伪造或者冒用他人的厂名、厂址，伪造或者冒用认证标志、名优标志等质量标志的。

（五）销售的商品应当检验、检疫而未检验、检疫或者伪造检验、检疫结果的。

（六）对商品或者服务作引人误解的虚假宣传的。

（七）对消费者提出的修理、重作、更换、退货、补足商品数量、退还货款和服务费用或者赔偿损失的要求，故意拖延或者无理拒绝的。

（八）侵害消费者人格尊严或者侵犯消费者人身自由的。

（九）法律、法规规定的对损害消费者权益应当予以处罚的其他情形。

第五十一条　经营者对行政处罚决定不服的，可以自收到处罚决定之日起十五日内向上一级机关申请复议，对复议决定不服的，可以自收到复议决定书之日起十五日内向人民法院提起诉讼；也可以直接向人民法院提起诉讼。

……

第八章　附　　则

第五十五条　本法自 1994 年 1 月 1 日起施行。

……

（八）中华人民共和国国家标准
《车间空气中四氯乙烯卫生标准》（节选）（GB 16204—1996）

四氯乙烯是洗衣行业在干洗过程中不可缺少的洗涤溶剂之一，而四氯乙烯又是一种对人身体健康有影响的化学品，为此国家为了保护从业者的身心健康，制定了相应的标准，每一个开干洗店的从业者都应该严格按标准执行。本节节选了具体的标准数值供企业参考。

1. 主题内容与适用范围

本标准规定了车间空气中四氯乙烯的最高容许浓度及其监测检验方法。

本标准适用于生产和使用四氯乙烯的各类企业。

2. 卫生要求

车间空气中四氯乙烯最高容许浓度为 200 毫克 / 米 ^{3}。

3. 监测检验方法

本标准的监测检验方法采用气相色谱法。

4. 监督执行

各级卫生监督机构负责本标准的执行。

……